MBAPPÉ
LE PHÉNOMÈNE

DU MÊME AUTEUR
CHEZ LE MÊME ÉDITEUR

La Deuxième Étoile, avec Vincent Garcia, 2018.

ARNAUD HERMANT

MBAPPÉ
LE PHÉNOMÈNE

l'Archipel

Notre catalogue est consultable à l'adresse suivante :
www.editionsarchipel.com

Éditions de l'Archipel
34, rue des Bourdonnais
75001 Paris

ISBN 978-2-8098-2648-7

À Juliette et Martin

Avant-propos

K.M. Deux initiales qui pourraient dans les prochaines années marquer l'histoire du football et peut-être même du sport, comme avant elles celles d'un certain M.J. Michael Jordan, le plus grand basketteur de tous les temps.

Kylian Mbappé deviendra-t-il le plus grand footballeur ? Plus célèbre encore que sa majesté Pelé, qui a vu en lui son successeur depuis la coupe du monde en Russie, remportée par la France au cours de l'été 2018 ?

Il faudra à Kylian Mbappé poursuivre son irrésistible ascension, multiplier les exploits et garnir son palmarès de trophées collectifs (Ligue des champions en club, championnat d'Europe ou un nouveau mondial avec les Bleus) et individuels (on pense là au Ballon d'Or France Football) pour, peut-être, un jour, supplanter le Brésilien.

Les époques ne sont pas les mêmes, les comparaisons bien évidemment hasardeuses à vouloir dresser des parallèles entre deux temps, deux mondes et deux footballs. Mais la filiation avec Pelé n'est pas qu'une idée de communicants ou un coup marketing pour une marque suisse de montres de luxe. Elle apparaît bien réelle.

En trois saisons à peine, l'enfant de Bondy a fait tomber un à un les records de précocité et affole les statistiques. Les énumérer revient à égrener un chapelet en temps de fêtes pascales.

Pêle-mêle, Kylian Mbappé est le plus jeune buteur de l'histoire de l'AS Monaco[1] ; le plus jeune joueur à franchir la barre symbolique des cinquante buts inscrits en Ligue 1[2], dépassant ainsi Yannick Stopyra qui détenait ce record depuis 1982 ; le plus jeune buteur d'une demi-finale de Ligue des champions[3] ; le plus jeune buteur de l'histoire du PSG en C1[4] ; le plus jeune joueur à marquer dix buts dans cette compétition[5], faisant ainsi mieux que les Lionel Messi ou Cristiano Ronaldo ; le plus

---

1. À 17 ans et 2 mois, Mbappé marque son premier but contre Troyes (3-1) en tant que professionnel. Ce 20 février 2016, il bat ainsi le record de précocité d'un certain Thierry Henry, auquel il est tant comparé.
2. À 20 ans et 2 mois, le 24 février 2019, Mbappé marque ses cinquantième et cinquante-et-unième buts en championnat lors de la 26e journée (PSG-Nîmes, 3-0). Plus anecdotique, il avait révélé la semaine précédant le match avoir dépassé les cent buts inscrits à l'entraînement depuis le début de la saison. Preuve que tous les buts qu'il inscrit comptent à ses yeux.
3. Le 9 mai 2017, il réalise cette performance à 18 ans, 4 mois et 20 jours face à la Juventus Turin (0-2, 1-2) de Gianluigi Buffon, son futur coéquipier au PSG.
4. Un record établi à 18 ans, 8 mois et 23 jours lors de son premier match en Ligue des champions avec le club de la capitale face au Celtic Glasgow (5-0), le 12 septembre 2017.
5. Le 5 décembre 2017, le Parisien s'incline face au Bayern Munich (3-1) mais chipe le record au Français Karim Benzema. Il a alors 18 ans, 11 mois et 15 jours.

jeune joueur à terminer dans le Top 10 du Ballon d'Or[1] ; le plus jeune buteur en finale d'une coupe du monde depuis un certain Pelé[2], après avoir été le plus jeune à inscrire deux buts dans un même match du mondial, depuis qui vous savez…

Lors de la victorieuse campagne de Russie, Mbappé s'est approprié deux autres records du football tricolore : il est devenu le plus jeune Bleu à avoir joué un match de coupe du monde (contre l'Australie, 2-1) et à avoir marqué (contre le Pérou, 1-0). En Ligue 1, le 7 octobre 2018, en inscrivant quatre buts en treize minutes face à Lyon (5-0) avec le Paris Saint-Germain au Parc des Princes, K.M. donnait un sacré coup de jeune au foot français : un retour en arrière de quarante-cinq ans pour trouver trace d'une telle performance réalisée par un aussi jeune footballeur. Et pour couronner cette précocité et son talent insolents, une place déjà dans l'édition 2020 du *Livre Guinness des records*, qui doit paraître en septembre 2019, pour avoir été le plus jeune joueur nommé au Ballon d'Or FIFA 2017 et le plus jeune buteur en demi-finale de la Ligue des champions avec Monaco. N'en jetez plus…

Un véritable phénomène, même s'il y a peu il refusait encore ce qualificatif : « Je n'en suis pas un. Les phénomènes ce sont Cristiano Ronaldo, Messi,

---

1. En 2017 il a terminé septième.
2. Le 15 juillet 2018, date du sacre suprême et d'un nouvel exploit pour Mbappé. Jamais un joueur aussi jeune n'a alors inscrit un but en finale depuis Pelé (doublé en 1958 à 17 ans et 8 mois).

Neymar. J'en suis encore loin. Alors, quand j'entends ça, cela me fait beaucoup rire. »

Cet adulte de 20 ans à l'éternel sourire d'enfant est pourtant bien un extraterrestre. Pourra-t-il durer ? Pourra-t-il maintenir un tel niveau de performance dans les prochaines années, continuer de dépasser les plus grands ? Sera-t-il assez chanceux pour éviter une grave blessure susceptible de briser son élan ? Ces questions trouveront, petit à petit, leurs réponses. En attendant, il poursuit sans pression apparente son irrésistible ascension et franchit une à une les étapes qui doivent le mener vers des sommets jamais atteints. Marquer pour marquer l'histoire, telle pourrait être sa devise. « Je travaille tous les jours pour essayer d'aider mon équipe au maximum, pour me faire plaisir aussi, car le foot reste du plaisir, et pour marquer des buts. Battre des records, c'est ce qui m'anime, donc je suis très content, confie-t-il au micro de Canal+ le 23 février 2019 après sa prestation contre Nîmes. Je pars toujours du principe que quelqu'un viendra et fera encore mieux, donc il faut toujours aller le plus haut possible car, un jour ou l'autre, quelqu'un va te dépasser. »

Sa notoriété, elle, a déjà dépassé le cadre du football et du sport. Par un sens inné de la communication, une grande intelligence des gens et des situations, qui lui évitent, jusqu'à présent, les maladresses et les faux pas. « J'ai rarement vu quelqu'un communiquer aussi bien que lui à son âge, remarque le publicitaire Franck Tapiro. Dans le monde du football, ils ne sont pas nombreux.

Il n'y en a même aucun. Et Kylian émerge même par rapport à certains politiques. » À quelques mois d'intervalle, en 2018, il a été convié deux fois au Palais de l'Élysée par Emmanuel Macron, qui lui a demandé de rejoindre l'Olympique de Marseille, le club préféré du chef de l'État. En juillet, après le sacre de l'équipe de France au mondial russe où sa discrétion avait contrasté avec l'exubérance de certains de ses partenaires, pourtant moins impliqués et déterminants que lui dans la quête de la deuxième étoile. C'est le plus souvent avec lui, pourtant, que les invités et autres personnels de la résidence présidentielle voulaient un selfie, ou c'est à lui principalement qu'on demandait une dédicace.

Quelques mois auparavant, en février 2018, Kylian Mbappé avait été invité en compagnie de Noël Le Graët, le président de la Fédération française de football, à un déjeuner à l'occasion de la visite d'État en France de George Weah, ancien grand footballeur du PSG et de l'AC Milan fraîchement élu président du Liberia. « Nous étions l'un à côté de l'autre et à un moment il me dit : “J'espère que l'on n'aura pas à parler”, raconte à l'auteur le patron de la Fédération, encore marqué, plusieurs mois après, par la scène qui s'est jouée sous ses yeux. S'ensuivent des discussions sur différents thèmes, puis le président Macron décide de faire un tour de table afin de donner la parole à tout le monde. Lorsque cela a été à Kylian de s'exprimer, il a eu cette phrase : “Écoutez, je suis très fier d'être là et flatté de vous connaître, monsieur Weah. Mais vous donner des conseils sur les sujets évoqués, je n'en ai pas les qualités. En revanche, je suis disponible pour aider." Là encore il a eu l'attitude adéquate et les bons mots, choisis avec humilité. » C'est ça Kylian Mbappé, un talent de footballeur hors norme, mais aussi une personnalité tout aussi exceptionnelle qui donne encore plus de lustre à ses performances sportives.

Mbappé est aussi entré dans le quotidien des jeunes Français autrement que par ses prouesses sur le terrain ou sa gestuelle bien à lui pour célébrer un but. Une institutrice de CM1 du Val-d'Oise s'est servie de son nom pour apprendre à ses élèves une règle élémentaire de grammaire : « J'écris M au lieu de N devant les lettres b et p » – inventant ainsi la règle Mbappé... Est-ce la raison pour laquelle il a été élu personnalité préférée des 7-14 ans, selon une enquête réalisée début 2019 par l'institut Ipsos pour *Le Journal de Mickey* ? Sans doute pas mais cela montre bien qu'il ne laisse personne indifférent.

Il s'est également taillé une place de choix sur les réseaux sociaux, principalement sur Twitter. L'attaquant du PSG et de l'équipe de France, qui possède déjà son double de cire au Musée Grévin, a été l'un des grands animateurs de ce réseau en 2018. Selon les données d'une plateforme de micro-blogging, le tweet posté par le Parisien le 15 juillet dernier, qui le représente en train d'embrasser la Coupe du monde sur la pelouse du stade Loujniki, à Moscou, est le plus significatif de l'année en France. Cette seule publication a valu à Mbappé, qui comptait un peu plus de 2 millions d'abonnés à la fin de l'année 2018, près de 200 000 retweets et

709 000 likes. L'ancien Monégasque est le sportif le plus mentionné dans l'Hexagone, devançant même son coéquipier Neymar. Il est également l'auteur de quatre des sept tweets préférés des Français en 2018…

Désormais phénomène mondial, Kylian a eu droit à la une du prestigieux *Time Magazine* pour illustrer une enquête sur les leaders de la prochaine génération. Le club a œuvré en coulisses afin de convaincre la jeune star et sa famille d'accepter une telle exposition médiatique, après un refus initial. Sans savoir que le jeune Kylian avait rêvé d'être en une de l'hebdomadaire américain, quelques années auparavant. En 2014, au sein de l'Académie de Monaco, il avait été demandé aux apprentis footballeurs de choisir un magazine où ils aimeraient se voir plus tard parmi trois publications internationales : *Time*, *GQ* et *Forbes*. Mbappé avait choisi… *Time*. La réalité l'a ensuite rattrapé. « Le soir de la finale, j'ai fait une demande d'interview au PSG, raconte Vivienne Walt, la correspondante de l'hebdomadaire en France et auteure de l'entretien. Je trouvais que c'était un sujet très intéressant car c'est plus qu'un joueur, c'est le personnage nouveau sans restriction ethnique, il est comme la nouvelle France. Il dépasse le cadre du sport, il est global. » Si la journaliste américaine est convaincue de l'intérêt d'un article sur le récent champion du monde, son rédacteur en chef l'est moins ; il craint que les Américains ne se passionnent pas pour ce Français, qui joue au *soccer*, un sport peu suivi aux États-Unis. « Il reconnaît qu'il a eu tort, sourit aujourd'hui Vivienne Walt. Tout le monde est fasciné par Kylian, pas simplement pour son jeu. Quand les Américains ont commencé à regarder la coupe du monde, ils ont découvert un jeune homme toujours souriant, plein d'énergie et de vivacité. Sa personnalité dynamique touche les gens, même les Américains. » Le 11 octobre 2018, jour de la sortie en kiosque, le succès opère immédiatement. Alors que la direction du *Time* avait anticipé une hausse des ventes, « à Paris, dans l'après-midi, on ne trouvait plus un seul exemplaire », confie Mme Walt. « J'étais à Bruxelles ce jour-là. Mon téléphone n'arrêtait pas de sonner. J'ai reçu plus de cent cinquante appels et plus de mille tweets. J'ai posté la une sur mon compte Twitter, elle a été retweetée plus de six mille fois. C'était incroyable. Tout le monde m'a dit que c'était fou de l'avoir eu. C'est mon plus grand succès pour un article où j'ai fait la une; même Macron n'avait pas suscité un tel engouement. Je ne pensais pas qu'il y aurait un tel intérêt. On ne sait pas ce que l'avenir va lui réserver mais incontestablement c'est l'homme du moment. » Le message a été compris. Y compris par des stars planétaires. Quand la vedette de la NBA, le championnat américain de basket-ball Lebron James, vient à Paris dans le cadre d'une opération avec son sponsor Nike, il demande à voir Kylian Mbappé.

Plus improbable, un rappeur bulgare lui a rendu hommage, peu après la coupe du monde, en inventant une chanson à son nom. Dans les colonnes de *So Foot*, Fyre, le JoeyStarr bulgare, a expliqué comment cette création était née: « En fait, on [avec

Vitezz, son double artistique] regardait la Ligue des champions et on était tous les deux fans de Kylian. Il n'était alors pas très populaire, ici, en Bulgarie. Sur la scène rap, c'est très à la mode en ce moment d'utiliser le nom d'un footballeur pour intituler une chanson et parler de lui dedans. On s'est dit que ça serait une bonne idée de faire une chanson qui s'appellerait *Kylian Mbappé*, et de lier notre succès au sien, expliquait le rappeur. C'est un bel exemple pour notre génération. Regarde, c'est encore un teenager et il est déjà une superstar. Je pense qu'il est un modèle pour les jeunes. »

De modèle à top model, il n'y a qu'un pas, que s'est empressé de franchir le créateur de mode indien Manish Arora. En septembre 2018, lors de la Fashion Week, à Paris, plusieurs de ses mannequins ont défilé pour présenter sa nouvelle collection de prêt-à-porter arborant un portrait coloré de certaines stars du PSG, dont Mbappé.

Nous sommes donc partis sur les traces du phénomène, aux origines de ce leader de la prochaine génération, quatrième personnalité préférée des Français en 2018 : de Bondy, la ville de son enfance, au Paris Saint-Germain, en passant par l'INF Clairefontaine, Monaco et l'équipe de France. Nous avons rencontré ou contacté des dizaines de témoins, parmi ses proches, ceux qui l'ont vu grandir, ceux qui ont eu à l'encadrer sur les terrains de foot mais aussi à l'école ou au cours des différentes activités qu'il a pu pratiquer. Comprendre comment et pourquoi Kylian Mbappé affiche cette inébranlable certitude quant à sa capacité à réussir, sans que cela ne soit de la prétention mais plutôt une incroyable force intérieure doublée d'un projet collectif, celui de toute une famille. Avertie, cette dernière n'a pas souhaité contribuer. La feuille de route a été tracée très tôt pour conduire à ce parcours hors norme. En voici le récit.

1

Les premières années

Kylian Mbappé était prédestiné. Et pas seulement parce qu'il est né en 1998, année magique pour le football français emmené par Zinedine Zidane à la conquête de son premier succès en coupe du monde. Quelques heures après sa naissance dans le XIXe arrondissement de Paris, le 20 décembre de cette année à part, son oncle Pierre, le frère cadet de Wilfrid Mbappé, le père de Kylian, est venu à la maternité et, en guise de cadeau, a déposé un ballon dans le petit lit du nouveau-né. Son tout premier contact avec ce qui deviendra son meilleur ami.

Cette anecdote n'est pas l'une de ces fables ou légendes inventées *a posteriori* pour romancer les premiers pas du nouveau génie du football français. « C'est vraiment comme cela que ça s'est passé », affirme Dominique Mendy, amis des deux frères Mbappé, venu lui aussi rendre visite à la jeune maman et à son bébé à l'hôpital. Ses premières années, le futur attaquant du Paris Saint-Germain les passe au 4, allée des Lilas, dans un petit trois-pièces, situé à quelques mètres du… stade Léo-Lagrange, qu'il pouvait voir de ses fenêtres. Un autre signe du destin probablement. Quelque temps plus tard, Kylian n'aura qu'à traverser la rue pour aller taper le ballon sur le terrain où son père entraîne les jeunes de la commune.

En attendant, il est gardé à la crèche municipale, rue René-Char. Le personnel, parti à la retraite pour la plupart depuis, se souvient d'un petit garçon comme les autres, toujours souriant, plutôt facile à vivre et déjà accro au foot. Aux beaux jours, il lui arrive de porter un maillot et un short de… l'équipe de France, avec, à l'époque, une seule étoile…

Sa scolarité, Kylian la débute à l'école Pasteur dont le directeur s'appelle Yannick Saint-Aubert. Juste à côté, sur un petit terrain en béton, il a fait ses débuts de footballeur. Lorsqu'il s'est lié avec Nike comme équipementier personnel, le Bondynois a souhaité que son sponsor réhabilite ce petit terrain, laissé à l'abandon pendant plusieurs années. Ce fut chose faite quelques jours après sa signature au PSG. Le 6 septembre 2017, Mbappé inaugurait en grande pompe un city-stade façon arène sur l'ancien terrain de hand de l'école Pasteur de Bondy.

Dix ans plus tôt, en 2007, alors qu'il entre en cours moyen deuxième année, il suit Yannick Saint-Aubert à l'école Olympe-de-Gouges où s'ouvre une filière musicale en partenariat avec la maîtrise de Radio France. « Quand je relis son bulletin maintenant, je me rends compte qu'on a eu une belle collaboration avec ses parents pendant toutes ces années, une forme de coéducation avec les mêmes valeurs partagées, se souvient l'ancien directeur.

On a eu l'intelligence de l'autoriser à être à côté tout en lui apprenant les bases. » Le rôle de Fayza Mbappé, sa maman, apparaît central. Chaque jour, matin ou soir, la maman discute avec le corps enseignant. « Je la voyais attendre dans un coin que tous les enfants soient partis. Ensuite, elle venait me voir et on échangeait sur la journée de Kylian. Il avait son chemin, on était sur la ligne de crête, il fallait fixer des limites. Neuf fois sur dix ça allait, mais parfois il fallait remettre les pendules à l'heure. » Comme quand Kylian se montre trop dilettante et nonchalant ou qu'il participe au chahut de sa classe. « Mais rien de grave, confie M. Saint-Aubert. Il n'était jamais vulgaire, par exemple. »

Ce « recadrage » ponctuel peut s'expliquer par le fait que le fils de Wilfrid et Fayza est un enfant auquel il faut accorder une attention toute particulière, « qu'il faut sans cesse nourrir intellectuellement », dit l'un de ses ex-instituteurs. En CE1, ses parents le font tester par une psychologue. Résultat : Kylian est détecté précoce. « Il avait un quotient intellectuel élevé », confirme Yannick Saint-Aubert. Sans doute la raison pour laquelle Kylian n'aime pas plus que cela l'école. Il le répète assez souvent au directeur. Mais il a pour lui d'avoir une maman qui le marque de près, comme les défenseurs tentent de le faire actuellement sur les terrains. À la différence près que Fayza y parvient plutôt bien. « Aujourd'hui encore, elle le tient afin qu'il ne prenne pas la grosse tête et reste lui-même », raconte un familier. Mbappé mère se donne du mal, y consacre beaucoup de son temps, mais elle arrive à ses fins. « Avec des parents laxistes ou en admiration devant leur enfant, il n'en serait pas là, assure M. Saint-Aubert. Kylian était en CM2 avec Jonathan Ikoné (formé au Paris Saint-Germain et aujourd'hui maillon fort de Lille). Jonathan n'a pas eu la chance de posséder cette structure familiale alors qu'il avait aussi de belles capacités. Les parents de Kylian l'ont structuré tout en n'étouffant pas son projet. Un autre jeune de l'école est devenu un grand champion : Aurélien Diesse (vice-champion du monde de judo). Il était surdoué lui aussi, il a également fait de brillantes études et ses parents étaient très structurants. Mais lui n'exposait pas son projet. » Au contraire de Kylian pour qui le foot est immédiatement la préoccupation principale.

Il possède déjà une idée précise des contours que prendront sa vie et sa carrière, avec en point de mire l'équipe de France avec laquelle il se voit déjà disputer la coupe du monde… À son maître de CM2, Marc Da Silva, il confie qu'il sera un jour… Ballon d'Or. Une déclaration en forme de prémonition pour celui qui termina quatrième de l'édition 2018, alors qu'il n'a pas 20 ans. Dès le cours préparatoire ou le cours élémentaire première année, le jeune Mbappé « énonce son projet, ce qui n'était pas banal », reconnaît M. Saint-Aubert. « Dès l'âge de quatre ans, il était capable de décrire son parcours, confirme à la chaîne L'Équipe Alain Mboma, un ami de la famille. Il disait vouloir faire Clairefontaine, jouer dans un club français et finir au Real Madrid. » Kylian clame aussi souvent qu'il jouera en équipe de France et chante la Marseillaise, la main sur le cœur… Il n'a alors que 3 ou 4 ans.

Avec son ami Joé Kobo, aujourd'hui à Caen, ils en ont passé du temps à s'imaginer jouer ici ou là, dans les clubs les plus prestigieux, à réaliser des actions plus spectaculaires les unes que les autres. Ils se voyaient déjà en haut de l'affiche, comme le chantait le regretté Charles Aznavour. Joé savait son pote doué, très doué même, mais il lui voyait quelques limites, au moins ponctuelles, le temps de grandir et de gagner en expérience. « Je n'ai pas forcément été surpris par ce qui lui arrive. Je savais que Kylian était capable de le faire. Je savais la maturité qu'il avait. Lui, c'est un chambreur mais, dès qu'on parle de foot, là il devient le plus sérieux possible. On le voit sur le terrain ou en dehors. Il fait du bien au football. Je ne dis pas ça parce que c'est mon ami. En dehors comme sur le terrain, il est bon. Ça ne me surprend pas vraiment, ce qui lui arrive. La seule chose qui m'a surpris, c'est l'équipe de France, racontait Joé Kobo en 2017. On en parlait plus jeunes. Il était persuadé qu'il allait y aller. Moi, je mettais un frein à ce qu'il disait. Je disais : "Non, Kylian, le niveau est beaucoup trop élevé." La Ligue 1, la Ligue des champions, je savais qu'il avait les épaules pour le faire aussi tôt. Mais, avec l'équipe de France, il m'a vraiment étonné. De le voir titulaire face à l'Espagne à 18 ans, ça m'a vraiment estomaqué. Il n'a pas de limites. Je ne sais même pas si lui les connaît. Il bat des records historiques. »

Les études, en revanche, le passionnent moins que le ballon rond. En tout cas elles n'alimentent pas ses nuits en rêves fous comme le football. Kylian se concentre sur ce qu'il juge utile. Et ceci dès l'école primaire. Malgré cette appétence limitée pour la chose scolaire, le jeune garçon se révèle être un élève sans difficultés particulières. « Il était normal dans toutes les matières, se souvient l'ancien directeur. Il était surtout très à l'aise à l'oral. Il était capable d'argumenter, il avait le lexique d'un adulte, savait jouer avec les mots, mettre en perspective et était précis et subtil. » Avec les chiffres aussi, il démontre certaines aptitudes, si l'on se réfère à cette anecdote. En CE1, son maître lui donne une punition. Cette dernière est bien connue des enfants de l'école Pasteur : ramasser les papiers traînant dans la grande cour de récréation. Kylian doit ainsi en ramasser vingt. Le directeur, qui ne supportait pas de voir des détritus joncher le sol de son école, le garde à l'œil le temps de cette petite sanction. Il voit son jeune élève n'en prendre que dix puis… les couper en deux, le tout avec son grand sourire dont il ne se départ jamais, sûrement content qu'il était de son coup. « Je l'ai félicité en lui disant : "Bravo, tu as acquis les bases de la multiplication et de la division", mais tu as voulu me rouler dans la farine, alors va m'en chercher dix autres », se rappelle, amusé, Yannick Saint-Aubert, qui a aussi eu Ethan, le dernier de la fratrie Mbappé, en petite section et Jirès, le grand frère, en CM1 et CM2. Un enfant plus timide et moins assuré que Kylian, mais tout aussi attachant et gentil, qui lui a offert un maillot de l'une de ses équipes du Golfe Persique « avec une belle dédicace ». Avec ses camarades, le futur champion du monde se montre agréable, sociable. Il est apprécié. À Pasteur, il n'est pas encore la « star » de l'école. Ce qu'il est davantage en CM2 à Olympe-de-Gouges, notamment auprès de ses camarades de l'AS Bondy foot qui ont eu vent de l'intérêt que suscite leur petit copain auprès de clubs professionnels.

Yannick Saint-Aubert est parti à la retraite et aime passer du temps dans les Alpes. Mais l'élève Kylian demeure gravé dans sa mémoire. Idem pour Mme Lefèvre, son professeur principal et de français en sixième et cinquième au collège privé catholique L'Assomption, où ses parents décident de le scolariser. Fayza s'y investit toujours autant afin de le suivre et de s'assurer qu'il consolide ses acquis. « Il avait beaucoup de charisme, c'était un meneur sans être une grande bouche. Il était très intelligent et avait des sorties à froid qui nous faisaient rigoler, se remémore sa professeure. Il avait ce côté *Zorro est arrivé* d'Henri Salvador, avec son visage si expressif. » Comme à l'école primaire, le Henri Salvador de Bondy n'est pas un élève modèle… Certains professeurs l'apprennent à leurs dépens comme celui de sciences avec lequel, comme on dit, le courant ne passe pas. Ils s'accrochent souvent. Mme Lefèvre, malgré la bienveillance qu'elle lui témoigne, ne peut que le concéder : « Kylian était doué pour les bêtises, il aimait taquiner les professeurs plus que les élèves. Il n'avait pas spécialement de problème avec l'autorité car il se montrait toujours respectueux, mais il savait toucher où cela fait mal quand il n'aimait pas quelqu'un », raconte-t-elle. Certains de ses petits camarades ont quand même dû se frotter à son humour décapant. Comme un certain Medhi Tache. Lors d'un contrôle, ce dernier se met de l'encre sur le visage. Cette mésaventure n'échappe pas à l'œil acéré de Kylian qui interpelle son professeur de français : « Madame, vous avez vu, Medhi a écrit son nom sur sa figure… » Effet garanti. « Ce n'était pas malsain, souligne Mme Lefèvre. Dans la classe il y avait une très grande complicité entre les élèves. À tel point qu'en cinquième on a décidé de ne pas les séparer. » Chambreur invétéré, Kylian l'est resté, surtout avec son cercle d'amis proches, avec lesquels il aime jouer aux jeux de société pendant des heures : Monopoly, Uno, mais aussi parties de PlayStation le passionnent. Et son goût pour la compétition n'est jamais loin. Ce côté taquin est un trait de personnalité présent chez ses parents, notamment Fayza, réputée pour sa répartie cash quand elle était handballeuse. Parler franc et direct qu'elle a conservé aujourd'hui.

Avec sa classe de sixième, le jeune Kylian est parti en Grèce dans le cadre d'un projet pédagogique sur la citoyenneté et la démocratie. Les vingt-sept élèves, « de vingt-sept origines différentes », dixit la prof principale, ont fait un voyage itinérant les menant notamment à Athènes, Olympie et Delphes. Certains ont pris le métro pour la première fois dans la capitale hellène. « Tous ont été marqués par ce séjour, Kylian le premier. On les a bassinés avec la citoyenneté et il en reste quelque chose, raconte Mme Lefèvre. Kylian est issu d'un couple mixte mais il se sent français et fier de l'être, tout en étant tolérant avec les autres. » « Ses parents ont une philosophie très humaniste et la lui ont transmise, confirme Yannick Saint-Aubert. Il accepte les autres comme ils sont. »

Au collège, le futur footballeur professionnel peut aussi se montrer boudeur en croisant ses petits bras ou en faisant la moue quand il n'est pas content. « Il était révolté par l'injustice », dit-on à son sujet au collège de L'Assomption. Cette sensibilité et son physique chétif à l'époque restent en mémoire de Mme Lefèvre. Tout comme ses qualités intellectuelles. « Il était rapide en tout, très vif et à l'aise en français, poursuit l'enseignante. C'était un bon élève, avec des cahiers toujours bien tenus et une écriture serrée. Très pudique sur ses états d'âme, c'était sa façon de se protéger. Il savait qu'il n'était pas comme les autres. » Cette dernière a été marquée par une autre facette de Kylian : sa pugnacité. « Il voulait toujours aller plus loin et ne pas décevoir les professeurs qu'il aimait bien, ni ses parents, avoue Mme Lefèvre. On met toujours en avant ses qualités hors normes mais on oublie son côté tenace. C'est quelqu'un qui a beaucoup travaillé. Il ne lâchait pas, jamais. Quand il ne savait pas faire quelque chose, il pouvait le refaire, dix, cent ou mille fois pour y parvenir. » Une qualité conservée aujourd'hui dans la pratique de son métier de footballeur.

Très tôt, Fayza détecte que son fils est différent. Qu'il possède une fibre artistique et qu'il est doté d'une grande sensibilité, avec pour corollaires des aspects positifs et d'autres négatifs. « Sa mère m'a confié qu'elle n'envisageait pas que Kylian grandisse sans une éducation artistique», explique Jean-Claude Decalonne, le créateur de Passeurs d'Arts, une association qui familiarise les enfants des quartiers difficiles à la musique et aux instruments, et à laquelle Kylian apporte son concours à l'antenne de sa ville natale. En plus du football, le jeune Kylian est inscrit à l'école de musique de Bondy, où il va rester cinq ans, de 8 à 13 ans. «Il a débuté par l'initiation musicale, les percussions puis le chant et la flûte traversière», se souvient Marie Delbecq, la directrice du conservatoire de Bondy. S'il témoigne d'un certain appétit, Kylian ne démontre pas d'aptitudes particulières pour la musique mais, en revanche, il porte de l'intérêt au collectif, selon Mme Delbecq: «Il chantait à l'éveil musical, participait à des moments musicaux pour les plus petits ou animait l'heure du conte pour les 3 à 6 ans à la bibliothèque de Bondy. Il avait le sens de l'autre. Il était sérieux, pétillant et concentré.» Dans la salle Luciano-Berio du conservatoire, Céline Bognini, son professeur de formation musicale pendant un an, garde un souvenir précis du musicien en herbe. «Le jour de la rentrée, je lui demande: "Comment t'appelles-tu?" Sa bouille, ses yeux, sa soif d'apprendre, c'était un rayon de soleil, un rayon de soleil plein de vie et d'envie.» Un autre moment de leur brève collaboration reste gravé dans l'esprit de Mme Bognini. «C'était le soir de la Fête de la musique, en 2007 ou en 2008, je ne me souviens plus très bien, les enfants chantaient *Couleur café* de Serge Gainsbourg et Kylian était le seul qui me regardait. Il me fixait.

Cela traduisait qu'il était en adéquation avec ce qui se passait à l'instant *t*, relate celle qui est également chanteuse lyrique et comédienne. Il aimait la musique, même s'il n'avait pas de prédispositions particulières. Il m'a marqué, bien que je ne l'aie pas eu longtemps. Il savait être présent d'une manière ou d'une autre. » Il semble que Kylian Mbappé se soit approprié cette dernière phrase au point d'en faire presque une devise personnelle. En effet, depuis plusieurs saisons, au niveau professionnel, il occupe l'espace, crève l'écran. En fait, il sait être présent, d'une manière ou d'une autre. Et presque exclusivement de manière positive. Ses sorties de route sont rares.

Après ses deux premières années d'initiation et de formation musicale, il opte pour la flûte traversière. Pourquoi cet instrument qui n'est pas le plus ludique, pourrait-on penser ? « C'est un instrument fin qui brille et qui attire souvent les jeunes enfants, explique Françoise Ducos, qui lui enseigna la flûte traversière pendant trois années. Et il possède un son fragile. » Comme Kylian. Il débute par le piccolo, un instrument de la même famille. « Parce qu'il avait de petits bras et de grandes jambes, poursuit Mme Ducos. Mais le placement de la bouche et des doigts reste identique. Kylian se débrouillait et était capable de jouer des morceaux. Cela lui a appris que, pour progresser, il faut jouer, faire ses gammes et travailler tous les jours. » Comme au football finalement. Sans son départ à Clairefontaine pour sa formation de footballeur, il aurait continué la musique, pense Françoise Ducos. C'était sa volonté et celle de Fayza qui, pour cette activité aussi, le poussait.

Pour le football elle n'en a pas eu besoin. Même si elle demeurait très présente également. « Elle a su faire en sorte que Kylian conserve intact son plaisir de jouer et, surtout, les caractéristiques de son jeu, analyse Fabrice N'Sakala, footballeur formé à Bondy par Wilfrid et aujourd'hui professionnel en Turquie. Elle insistait auprès des éducateurs pour qu'ils lui laissent sa liberté d'expression. » Le foot est vite devenu pour Kylian une passion addictive que ses parents ont dû gérer au mieux. Il joue partout et tout le temps. Les voisins du premier étage du 4, allée des Lilas, M. et Mme Ricles, n'ont pas oublié. Les interminables parties de football dans le salon résonnent encore avec tendresse dans leurs souvenirs. Kylian vit, mange et dort football. Il regarde des matches, des vidéos, ouvre l'ordinateur pour consulter les dernières informations ou prendre connaissance des résultats. Aujourd'hui encore, il visionne pas mal de matches et possède un solide bagage footballistique, doublé d'une réelle culture de ce jeu et de ses acteurs, mêmes s'ils sont étrangers ou plus anonymes.

Il emboîte le pas de son père pour aller suivre les matches de Jirès et veut faire comme son grand frère. Il prend sa première licence à 6 ans à l'AS Bondy où Wilfrid est entraîneur. « Il a commencé jeune, se souvient Jean-François Suner, toujours directeur sportif du club, et à l'origine du recrutement de Wilfrid comme éducateur. Au départ c'était un garçon comme les autres. Mais assez vite, on a remarqué sa facilité avec le ballon, il faisait tout plus vite que les autres. On se disait que s'il parvenait à faire tout à toute allure... C'était exceptionnel et on l'a surclassé chaque année.» Mais ce qui a d'emblée frappé M. Suner et, plus généralement, les éducateurs de l'AS Bondy c'est cette foi très forte, ancrée profondément en Kylian, en sa capacité à devenir joueur professionnel. Et ce, à un âge où les enfants sont souvent interrogés sur le métier qu'ils aimeraient faire plus tard et dont les réponses tiennent parfois plus du rêve que d'une réelle envie ou possibilité. Pas chez Kylian Mbappé. «Il voulait vraiment réussir, c'était dans sa tête. Quelque part, il savait déjà qu'il voulait être pro, poursuit Jean-François Suner. Il savait ce qu'il voulait et il sait toujours ce qu'il veut. Jonathan Ikoné avait aussi de très grosses qualités, notamment de puissance, mais pas comme Kylian. Au club, on n'a pas eu de baguette magique pour qu'il réussisse.» «Comme il était surclassé parfois de deux ans et affrontait des enfants plus âgés que lui d'un an ou deux, donc plus forts physiquement, ses qualités ne sautaient pas forcément aux yeux aussi nettement que celles de Jirès quelques années plus tôt, analyse Dominique Mendy, ancien entraîneur adjoint sous les ordres de Wilfrid. Jirès faisait à lui seul la différence et renversait n'importe quel adversaire. Je me souviens d'un tournoi à Royan en U15 où il avait été exceptionnel. Voyant la carrière qu'il réalisait, on se disait que Kylian en ferait sûrement une aussi, mais telle qu'actuellement on ne pouvait pas le penser à l'époque.» Dans la famille aussi, les aptitudes du petit sautent aux yeux. « Ce qui nous impressionnait c'était ses déplacements, toujours très intelligents, confiait son oncle Pierre, dans le documentaire *Mbappé hors norme* de Sébastien Tarrago et Guillaume Dufy, diffusé pour la première fois le 6 novembre 2017 sur la chaîne L'Équipe. Très tôt mon frère a vu que c'était un futur talent. »

Comme s'il avait déjà conscience de la nécessité de faire fructifier son potentiel, Kylian se montre très assidu aux entraînements, à raison de deux ou trois séances par semaine en fonction des catégories d'âge. Et, sauf cas de force majeure, il ne manque jamais à l'appel. Il évolue au poste d'attaquant, soit sur un côté, soit en position axiale. Sa vitesse et son adresse font déjà des ravages. Lors d'un match de DSR (Division supérieure régionale), en U15 contre Bobigny, les choses ne se passent pas bien pour Bondy. À la mi-temps le score est vierge. « On essayait de jouer comme toujours mais on n'y arrivait pas ce jour-là, c'était le bordel, se souvient Jean-François Suner. Dans le vestiaire, à la mi-temps, j'ai dit : “Maintenant, balancez le ballon vers Kylian”, et à la fin on a gagné 4-0. Et les quatre buts, c'est lui qui les a inscrits… »

Déterminant sur les terrains, Kylian se signale aussi lors des après-matches en réalisant des interviews de ses partenaires, comme dans le monde professionnel. Alain Mboma garde en mémoire les « grands débuts médiatiques » de Kylian lors de moments partagés avec les Mbappé : ses commentaires de matches, ses analyses et ces situations où il se mettait en scène, un coup intervieweur, un coup interviewé. Photos et vidéos en témoigneraient. Une bonne façon déjà de raconter sa vie, de donner de la perspective à ses rêves, lui qui, petit, était souvent retranché dans ses songes. Il y a quelques mois, Pierre Mbappé confiait dans *L'Équipe* : « Kylian c'est un enfant à part. Il est fou. Il a toujours eu des rêves de fou. » « Il était dans son monde, sa bulle, conforte Alain Mboma. On voyait qu'il avait des qualités mais de là à atteindre ce niveau-là… Il n'y avait que lui qui y croyait. » Le frère de Patrick Mboma, ancien joueur du Paris Saint-Germain, champion olympique avec le Cameroun en 2000, lui offre, alors qu'il a 10 ans, une maquette de Santiago-Bernabéu, le stade du Real Madrid, son club de cœur qui s'affiche partout sur les murs de sa chambre. Un cadeau en forme de plaisanterie tant le petit garçon répète à ses proches qu'il jouera un jour au Real et que l'on peut interpréter ainsi : « En attendant que tu y joues, tu auras au moins la maquette du stade… » Comme souvent, Kylian sait retourner la situation à son avantage en un claquement de doigts. D'une formule aussi cinglante que l'une de ses frappes du pied droit, il rétorque, péremptoire : « Un jour, c'est moi qui vous y emmènerai, au Real, et en loge… » Cette saillie suscite les rires et les moqueries de ses parents et des Mboma.

Quelques années plus tard, en décembre 2012, cette prédiction va pourtant se réaliser. Wilfrid reçoit un coup de téléphone d'un recruteur du Real Madrid. Le club madrilène a jeté son dévolu sur le petit attaquant de Bondy en formation à

Clairefontaine, et invite sa famille en Espagne. Au programme de cette virée: accueil VIP, match en… loge contre l'Espanyol Barcelone (2-2), visite du centre d'entraînement par Zinedine Zidane et rencontre avec Cristiano Ronaldo. Une photo, où Kylian fait le V de la victoire avec ses doigts aux côtés de la star portugaise, immortalise ce moment et a été largement relayée sur les réseaux sociaux. Un entraînement et un match pour le tester clôturent le séjour. Encore une fois, Kylian a mis des actes sur ses paroles. Le Real est prêt à le faire signer, les Mbappé choisiront Monaco. Ils ne voyaient pas leur fils quitter la France si jeune. Mais cette anecdote témoigne qu'aucun de ses rêves ne semble irréalisable. Et, pour le Real, ce n'est vraisemblablement que partie remise…

La présence d'un phénomène à l'AS Bondy fait vite le tour du département de Seine-Saint-Denis et de la région parisienne. On se presse le long des mains courantes des terrains de la ville pour admirer Kylian et assister à ses exploits. Les rencontres où il marque but sur but deviennent si nombreuses qu'il faudrait un bottin pour les recenser. Les recruteurs aussi sont présents. À 11 ans, neuf clubs s'intéressent déjà à son fort potentiel. Dans le désordre le Paris Saint-Germain, Monaco, Caen, Rennes, Bordeaux, Lens, Sochaux, Chelsea et le Real Madrid. « Wilfrid lui a donné la bonne direction, il était plus exigeant avec lui qu'avec les autres enfants, confie Jean-François Suner, le directeur sportif de l'AS Bondy. Malgré des sollicitations venues de partout, Kylian est resté le même. Ses parents l'ont bien encadré. »

Dominique Mendy se rappelle bien les allées et venues des *scouts* français et européens et de leur danse du ventre auprès de la famille du jeune prodige. Il se souvient notamment de l'un d'eux, fidèle parmi les fidèles. « Pierre Reynaud du PSG lui a fait une cour assidue, confie-t-il, admiratif. Personne n'a passé autant de temps que lui au stade Léo-Lagrange pour Kylian. Il assistait même aux tournois qui se déroulaient au Palais des Sports, où il restait toute la journée. Il n'a pas "eu" Kylian mais il a "récupéré" Jonathan Ikoné. » Même si le gaucher performe à Lille et se révèle être ces derniers mois un très bon joueur du championnat de France, l'arrivée d'Ikoné au PSG a des airs de lot de consolation pour le club parisien en comparaison avec la dimension prise par Kylian Mbappé… Laurent Glaize, recruteur pour Caen à l'époque, a, lui, bien failli décrocher le jackpot. Kylian est signalé en 2010 à David Lasry, l'adjoint de Laurent Glaize, par Mohamed Segueni, agent de joueur. « David Lasry me dit que c'est le futur Ballon d'Or, raconte Glaize. C'est la seule fois, en douze ans de collaboration, qu'il m'a dit cela. Kylian n'était pas le plus fort à l'instant *t* mais c'est lui qui avait le plus gros potentiel. C'est toujours ce qu'un recruteur doit essayer de voir chez un jeune, son potentiel futur, ce qu'il pourra devenir quelques années plus tard. C'est difficile mais c'est cela qui importe. Kylian était un phénomène. Il avait une facilité technique combinée à la vitesse, cette capacité à réussir des choses techniques très vite, ses dribbles, sa lecture du jeu. » Un rapprochement s'opère avec la famille. Mbappé file à l'INF Clairefontaine parfaire sa formation. Parallèlement Caen continue de travailler le dossier et, en 2013, un accord est ficelé. Pourtant, au départ, à la lumière de la proposition normande, Wilfrid se montre si ce n'est réticent du moins taquin avec Caen, en lançant à Laurent Glaize : « Tu tentes d'attraper un requin avec une canne à pêche. » Malgré la blague, le paternel Mbappé écoute et se montre sensible au projet humain proposé par le Stade Malherbe de Caen. Financièrement, les conditions n'ont rien d'exceptionnel : un salaire d'aspirant de trois ans selon les statuts de la charte du football, soit de 500 à environ 1 000 euros bruts mensuels et une prime de 180 000 euros en trois versements de 60 000 euros si Caen est en L1 ou de 120 000 euros, toujours en trois fois, si le SMC évolue en L2. Finalement, malgré l'accord des Mbappé, Caen renonce à Kylian faute d'être remonté en première division…

Tout le monde s'accorde pour souligner le potentiel unique du gamin de Bondy. Comment expliquer l'existence d'un tel joyau, déjà si bien poli ? Bien sûr, il y a son talent pur, un père éducateur sportif et une mère ayant déjà appréhendé le sport professionnel de haut niveau, l'exemple de son grand frère, Jirès Kembo… Évidemment. Mais il y a aussi, très certainement, cette exceptionnelle croyance en sa destinée personnelle, sa grande maturité acquise en fréquentant des plus grands et des adultes à l'heure où on joue davantage avec les enfants de son âge et, enfin, son immersion quasi-totale et permanente dans l'univers du football dès sa plus tendre enfance. « Kylian est un amoureux du football, c'est vraiment quelqu'un qui respire, qui mange et qui dort football, confirmait son frère Jirès il y a peu. Et ce qui me fait plaisir, c'est que je retrouve chez lui aujourd'hui la même envie et la même passion que lorsqu'il avait 14 ou 15 ans. »

Cette passion, il la doit à son père notamment, qui lui aussi respire foot à longueur de journées puisqu'il en a fait son métier. Mais aussi à son oncle Pierre, également entraîneur. Et Kylian n'est jamais loin d'eux. De ses fenêtres du deuxième étage donnant sur le stade Léo-Lagrange, à l'heure de l'entraînement de l'équipe senior dirigée par son mari, Fayza appelle souvent Dominique Mendy pour lui dire que Kylian descend les rejoindre. À charge pour le coach adjoint de vérifier que le petit arrive bien au stade même si la distance le séparant de sa maison est courte. Là, il observe, écoute et reproduit ce qu'il voit. Il participe même à certains exercices. « Il prenait part aux entraînements des autres catégories que la sienne et n'avait pas peur d'affronter des plus grands en un contre un, se souvient Dominique Mendy. Lorsque l'on jouait en salle, il venait avec les adultes et participait aux oppositions. Je lui disais : "Le premier qui te touche, c'est penalty." »

Cette formation précoce ne peut pas être étrangère à sa réussite. Kylian adorait écouter les causeries tactiques de son père ou celles de son oncle Pierre qui l'emmenait à Levallois ou Ivry. « Kylian, c'est le gosse qui a entendu le plus de causeries au monde », rigole Dominique Mendy. Mais derrière cette boutade se cache pourtant une vérité implacable. « Kylian faisait les déplacements avec nous, narre Fabrice N'Sakala quand Wilfrid était son entraîneur. Sa grande chance c'est l'encadrement sur lequel il a pu s'appuyer. Il se mettait dans un coin du vestiaire. Je le revois avec sa casquette trop grande pour lui, il écoutait tout. Ses yeux ne rataient rien. Il se mettait au fond du bus avec nous et un de nos entraîneurs, Yannick, qui racontait des histoires de foot sur des joueurs ou des matches. Kylian adorait. Sur le terrain, il essayait de reproduire ce qu'il nous voyait faire. Et il jouait, jouait tout le temps. Tout cela a formé son intelligence de jeu, sa compréhension du football. » Là où l'un de ses proches tape dans un ballon ou entraîne, Kylian n'est jamais absent. Il va ainsi régulièrement à Clairefontaine où Jirès effectue sa préformation quelques années avant lui. Là aussi, il "s'incruste" dans les vestiaires de son demi-frère, jusqu'à en devenir la mascotte. Son sourire perpétuel, son espièglerie et sa bonne humeur communicative en font, en effet, la coqueluche des différentes équipes entraînées par son père, et notamment de l'équipe senior. Et, peu à peu, il perçoit que ses ambitions sont à portée de crampons. « Quand il était petit, il était, en fait, déjà un grand garçon, témoigne Jacky Théophile, un ami de la famille. Il était un peu plus mature que les autres, plus évolué. Il avait des réactions de petit adulte parce qu'il était souvent avec des adultes. Dans sa tête, il ne se voyait pas faire autre chose. »

En 2018, quelques jours avant la coupe du monde en Russie, Kylian a accordé une interview à *Paris Match*, réalisée par son ami Christian Jeanpierre. Il y déclarait notamment ceci : « J'ai eu une ascension fulgurante. Les gens pensent que c'est normal… mais pas du tout. C'est vraiment un rêve qui se réalise. La coupe du Monde, je la regardais à la télévision avec du maquillage tricolore. Et là je vais la jouer et ce sont les enfants qui vont la regarder en étant maquillés. Le temps est quand même vite passé. J'avais un rêve et je vais le toucher du bout des doigts. » Comme tous ses rêves jusqu'à présent, Kylian fait mieux que les réaliser, il les sublime.

2

Une famille en or

Bondy : ville de Seine-Saint-Denis (93), coincée entre Bobigny, Noisy-le-Sec, Les Pavillons-sous-Bois et Aulnay, au nord-est de Paris, à moins de dix kilomètres de la Porte de Pantin. En référence à la forêt ancestrale qui fit jadis sa renommée, la devise de cette commune d'un peu plus de cinquante mille habitants est depuis 1790 « Heureux sous son ombre ». Aujourd'hui, il semblerait que c'est sous l'ombre de son plus illustre citoyen que la cité entière s'abrite : Kylian Mbappé, dont l'aura positive ne cesse de grandir et de rejaillir sur la ville où il a grandi. Pas un jour, pas un papier de presse écrite française ou internationale, pas un reportage télé ou radio, pas un événement avec le champion du monde sans que le lien avec Bondy soit souligné ou mis en avant, comme une sorte de réflexe pavlovien. Comme si Kylian Mbappé, avant d'être ce qu'il est devenu grâce à son immense talent et ses performances majuscules en à peine trois ans de professionnalisme, représentait Bondy à lui seul.

Comme Zinedine Zidane sur la Corniche de Marseille avant lui à l'initiative de son équipementier Adidas, Kylian Mbappé a aussi eu droit à son effigie au format XXL sur la façade de la résidence Les Potagers, qui longe l'autoroute A3, avec cette devise : « Bondy, ville des possibles. » Le gamin s'exposait là fièrement et contemplait sa ville, celle dont il est le plus illustre représentant. Nike, son équipementier, avait œuvré à cette réalisation avant que Castorama ne récupère l'emplacement en pleine coupe du monde 2018 auprès de Luminance Affichage, la société qui commercialise ces espaces publicitaires. Mais devant le tollé provoqué chez les Bondynois et l'ampleur des appels à boycotter les magasins de l'enseigne de bricolage, cette dernière avait accepté que Kylian redevienne le maître des lieux le temps de quelques semaines. Celui qui est surnommé « le Prince de Bondy » par les Bondynois s'affichait dès lors sur fond bleu blanc rouge, maillot des Bleus sur le dos, à côté de ce slogan : « 98 a été une grande année pour le football français. Kylian est né. »

Consciente du symbole, la mairie de Bondy, après des négociations avec Luminance et Bondy Habitat, a décidé que Kylian devait définitivement retrouver sa place sur le pignon de la cité des Potagers. « On a le projet de le remettre, nous confirme Sylvine Thomassin, le maire de la ville. On en parle avec Fayza et il sera de retour normalement avec le drapeau bleu blanc rouge. » Cette réapparition de l'enfant prodigue devait se faire d'ici le 30 juin 2019.

« Kylian c'est la troisième génération de la famille à Bondy. Les grands-parents sont arrivés jeunes dans la ville en provenance du Cameroun et d'Algérie et se sont installés dans le quartier nord, explique l'édile et amie de la maman de Kylian. Aujourd'hui, ils vivent toujours à Bondy. Fayza y est née. Tout le monde connaît la famille et ses parents [ceux de Kylian] ont été très impliqués : Wilfrid au club de football, Fayza notamment comme parent d'élève. Tout cela crée du lien. Kylian se revendique de toutes ces couches du millefeuille. Il existe une véritable harmonie entre ce jeune et la ville. Il y a un peu de magie. Dans les rues, quand les gens parlent de lui, ils l'appellent par son prénom. Kylian est la fierté de la ville, c'est notre ambassadeur, un exemple pour les jeunes et notamment ceux de la section football de l'AS Bondy où il a joué près de dix ans. »

Témoin de cet amour des Bondynois pour l'un des leurs, le retour triomphal, le 17 octobre 2018, organisé pour Kylian après son succès en coupe du monde. Des chaînes d'information continue retransmettent en direct l'événement. Tous les champions du monde n'ont pas eu droit à ce traitement, surtout trois mois après la finale. Plusieurs milliers de Bondynois, surtout des adolescents et des jeunes enfants accompagnés de leurs parents, se sont réunis au stade Léo-Lagrange, là où l'international a fait ses premiers pas de footballeur. Écrans géants retraçant les exploits ballon au pied de l'attaquant, podium, concert avec une chanson intitulée *Liberté, Égalité, Mbappé* et Christian Jeanpierre, le journaliste de TF1 ami de la famille Mbappé, en Monsieur Loyal : Bondy a vu les choses en grand pour accueillir l'enfant de la cité au son des « Kylian, Kylian ». Il y avait au moins autant de monde à l'extérieur du stade Léo-Lagrange qu'à l'intérieur où on retrouvait surtout les licenciés de l'AS Bondy. La star a prononcé quelques mots électrisant encore un peu plus l'atmosphère déjà survoltée : « Bonjour à tous ! Merci à tous d'être venus, c'est un plaisir de vous voir m'accueillir. J'aurais voulu venir avec la Coupe du monde mais ça n'a pas été possible, a lancé le joueur, casquette vissée sur la tête, son sourire éclairant son visage. C'est vraiment un privilège de revenir parmi vous à la maison, à Bondy. Jamais je n'aurais imaginé revenir avec un tel accueil. C'est un moment magique. » Fait citoyen d'honneur de la ville par Sylvine Thomassin, Kylian reçoit aussi deux maillots du club à son nom avec le numéro 10 et une flûte traversière, lui qui en joua trois ans au conservatoire, notamment avec la fille de Madame le maire.

C'est là, à Bondy, qu'est né le petit Kylian, fils de Fayza Lamari, d'origine algérienne, et de Wilfrid Mbappé-Lottin, originaire du Cameroun, venu à 10 ans à Bondy après avoir vécu à Aubervilliers. Fayza, la quarantaine à l'humour assez piquant et direct, est une ancienne joueuse de handball qui a évolué en première division avec l'AS Bondy à la fin des années 1990 et au début des années 2000. Parallèlement, cette ancienne étudiante à l'université a aussi travaillé pour la mairie et a été animatrice périscolaire dans diverses structures de la commune, notamment à la Maison de Quartier Blanqui à Bondy Sud. « Avec Alain Mboma, ils se sont occupés de nous pendant toutes les vacances, se rappelle Jamel Zahiri, ancien joueur pro passé par Angers et aujourd'hui responsable technique de l'AS Bondy foot. Fayza a beaucoup de cœur, elle n'hésitait jamais à aider des jeunes en difficulté. Elle s'arrangeait toujours pour que même les plus démunis puissent venir aux sorties organisées. Je ne sais qui payait pour qui mais les petits venaient quoi qu'il arrive. Elle aidait aussi ceux qui avaient des difficultés scolaires. » Détentrice du Bafa (Brevet d'aptitude aux fonctions d'animateur), ses qualités humaines sont unanimement saluées, de même que son caractère bien trempé. Même si elle a baigné dans le handball, Fayza est fortement imprégnée par le football. Un sport qu'elle apprécie et maîtrise. « Elle s'y connaît même plus que la plupart des gens, note Fabrice N'Sakala, joueur professionnel actuellement en Turquie après avoir été formé à Bondy par Wilfrid Mbappé. Quand on jouait, elle était souvent au bord des terrains pour nous encourager. Parfois, on l'entendait même plus que Wilfrid. À la fin des rencontres, elle me disait : "Tu devrais travailler ça ou ça." »

Fayza fait la connaissance de Wilfrid à la Maison de Quartier Daniel-Balavoine, qui réunissait les jeunes de Bondy Nord. À 20 ans à peine, il est l'un des éducateurs permanents de cette structure où elle vient se distraire. À la fin des années 1980, le père de Kylian va s'impliquer dans ce qui a été appelé Le Petit Bar, un local désaffecté situé entre le cinéma Jean-Giono et le centre aéré Léon-Blum, à quelques centaines de mètres de la maison Daniel-Balavoine.

La municipalité accepte, après plusieurs refus, que l'endroit soit réhabilité et devienne un lieu de vie pour les jeunes sur l'insistance de Bachir Bedja, un « animateur social », comme il se définit. C'est lui qui va donner sa chance à Wilfrid. « Un ou deux bénévoles ont refait les peintures et il y avait un comptoir, c'est pour cela qu'on l'appelait Le Petit Bar, poursuit Dominique Mendy, ancien entraîneur adjoint de l'équipe sénior de Bondy dirigée par Wilfrid. Il y avait un baby-foot, une table de ping-pong et Bachir a alors fait appel à quelques animateurs, Max Neuilly, Jacky Théophile et Wilfrid. Très vite, les petits des bâtiments Bleu et S, mais aussi ceux du marché, ont fait de l'endroit leur QG. » « On a aussi récupéré la salle de projection du cinéma Jean-Giono, elle aussi non utilisée, et on l'a transformée en salle de spectacle avec des concerts, des cours de danse, de théâtre, du soutien scolaire, énumère Bachir Bedja. » Fayza habitait avec sa famille dans l'immeuble en forme de S alors que Wilfrid, son frère Pierre, ses deux sœurs et ses parents, logeaient au Bleu – en raison de sa couleur –, tout comme l'ami Jacky Théophile. Le père de Wilfrid exerçait le métier d'expert-comptable. Dominique Mendy, ami des frères Mbappé, et notamment de Pierre avec lequel il était en classe, allait très régulièrement chez eux.

Très vite Le Petit Bar devient donc un lieu de rassemblement pour les jeunes Bondynois, avec jusqu'à cent trente enfants inscrits. Derrière le bâtiment bleu existe un petit terrain, dans le quartier dit « chinois » car une partie de la communauté asiatique de la ville y vivait. Sur ce terrain de hand en sable traversé par une dalle en béton, Wilfrid commence à organiser des petits matches de foot. Cette simple idée va devenir un point d'ancrage pour les mômes du quartier et connaître un véritable engouement. « Les animateurs avaient tous une équipe avec quatre à six gamins, raconte Dominique Mendy, adolescent à l'époque. Au fur et à mesure, un championnat s'est créé le samedi. » L'équipe de Jacky Théophile s'appelle le Racing Club de Jacky et Max. Celle de Wilfrid, l'AS Wilfrid. Ce rendez-vous attire de plus en plus de gamins et notamment ceux des quartiers alentour, du Marché au Carré, mais aussi de la ville de Gagny. « On était deux ou trois équipes au départ et ça a gonflé, gonflé, pour qu'à la fin il existe un championnat de jeunes, un autre d'ados et un avec des seniors, se rappelle Jacky Théophile, l'un des anciens animateurs du Petit Bar. On avait créé un deuxième club dans la ville, un championnat parallèle. »

Des tournois s'organisent aussi au sein du gymnase de l'école Jean-Zay. « On s'est battu aussi pour que les élus nous ouvrent le gymnase, explique Bachir Bedja. C'était bien d'avoir ce lieu pour les jeunes, en hiver ou pendant les vacances. Ça ne se faisait pas trop de prêter ces équipements dans les quartiers à l'époque. » Dans le gymnase, Wilfrid met aussi sur pied des sessions d'entraînement, individualisées parfois, pour certains jeunes. Cette structure foot se développe si bien qu'elle finit par faire de l'ombre au club de la ville, l'AS Bondy. Jean-François Suner, l'un des responsables à l'époque du club « officiel », aujourd'hui encore le directeur sportif, comprend qu'il faut opérer un rapprochement. Il propose à Wilfrid, dans un premier temps, et à certains autres animateurs de rejoindre son club et de prendre en charge les équipes de jeunes. On est alors au tournant des années 1980-1990. Début donc de la carrière d'éducateur sportif de Wilfrid. Un formateur hors pair vu le nombre de jeunes passés professionnels après l'avoir côtoyé : Jirès Kembo (Bursaspor, en Turquie), dont Wilfrid est le tuteur légal, Fabrice N'Sakala (Alanyaspor, en Turquie), Jamel Zahiri (ex-Angers), Steven Monrose (FC Qabala, en Azerbaïdjan), Sébastien Corchia (FC Séville), Mourad Satli (Red Star), Ben-Amadou Sangaré (ex-Arles-Avignon et Créteil), Jonathan Ikoné (Lille), Joé Kobo (Caen), Metehan Guclu (PSG), et bien sûr Kylian… « Je n'ai jamais compris qu'un club pro ne soit pas venu chercher Wilfrid, confie Dominique Mendy. Il n'y a pas beaucoup d'entraîneurs de club amateur qui ont formé autant de pros. Wilfrid, c'était un précurseur, il était l'un des premiers à surclasser les jeunes pour leur faire gagner un an afin qu'ils progressent plus vite. » « Wilfrid a mis en place la philosophie du club que l'on retrouve encore aujourd'hui », annonce Jamel Zahiri, de retour à l'AS Bondy en tant que responsable technique, en quelque sorte le successeur de Wilfrid.

La bonhomie du formateur, passé par toutes les catégories de jeunes du club, cache une forte personnalité, capable de cadrer et recadrer les gamins. « Dans le gymnase Jean-Zay, il y avait parfois jusqu'à deux cent cinquante mômes et Wilfrid savait les tenir. Il dégage de l'autorité », argumente Bachir Bedja. Même si cela n'a pas été évident pour lui de passer d'animateur de centres aérés à éducateur sportif, selon Bedja, Wilfrid Mbappé a vite démontré une grande appétence pour la transmission. « Il a donné de son temps et de sa personne pour tous ces gamins qui ne savaient pas quoi faire de leurs journées », confirme Jacky Théophile, un ami de Wilfrid avec lequel il a joué au Stade de l'Est aux Pavillons-sous-Bois, ou à Cambron. « C'était un sacré joueur, Wilfrid, un crack, s'enflamme son pote Dominique Mendy. Il évoluait en DH à Bobigny. Les frères Sandjak ont plusieurs fois tenté de le faire venir à Noisy-le-Sec, il a même eu des touches avec Bordeaux. Il avait déjà la fibre d'entraîneur. »

Au-delà de ses qualités de footballeur et de sa passion pour ce jeu, le père de Kylian s'est documenté, a lu des livres sur la formation, les entraînements, il a passé ses diplômes de coach, mettait ses idées à l'écrit et participait à des stages d'avant-saison avec les clubs de Pierre, à Levallois ou à Ivry. « Wilfrid était très impliqué, voulait que les choses se déroulent comme il l'avait décidé, continue Jacky. Pourtant, quand on a passé nos premiers examens d'entraîneur, on a vu que l'on ne faisait pas tout bien. Par exemple, certaines séances n'étaient pas adaptées aux jeunes que l'on avait, elles étaient trop poussées par rapport à leur âge. » Il a visiblement appris de ses erreurs. « Wilfrid sait ce qu'il veut et surtout ce qu'il peut tirer d'un enfant », note Dominique Mendy. Fabrice Pakombé, ancien joueur de Bondy, reconnaît ce qu'il doit au père de Kylian. « J'ai beaucoup progressé sous ses ordres, raconte le jeune homme. Il y a pas mal de choses que je ne maîtrisais pas tactiquement, notamment à la relance. Avant lui, j'avais eu deux autres entraîneurs en senior et je faisais un peu ce que je voulais, j'arrivais en retard… » Pas avec Wilfrid. « On jouait l'équipe de Pierre, Levallois, et je n'étais pas à l'heure. Il m'a passé un savon, m'a demandé pour qui je me prenais. Il pouvait être dur. Au final, j'ai accepté ses demandes et j'ai progressé », poursuit-il tout en mettant en exergue une autre qualité de celui qui était parfois surnommé Wil : la bienveillance. « En Promotion d'Honneur, j'avais quelques touches pour rejoindre des clubs évoluant dans des divisions supérieures, continue Fabrice Pakombé. Wilfrid m'a dit d'être patient, de faire encore une saison avec lui et dès que Pierre, son frère, a récupéré Ivry en CFA2, il m'a recruté, ce qui m'a permis d'évoluer jusqu'en CFA. » « Wilfrid était en avance, on travaillait beaucoup avec le ballon, même lors des séances physiques, ce qui ne se faisait pas trop à l'époque, rembobine Dominique Mendy. C'était un dingue de jeu, de tactique. Il notait tout sur son ordinateur, les compositions d'équipes, les schémas, les temps de jeu des uns et des autres… Les gens venaient à lui, voulaient que leur enfant soit entraîné par lui… »

Wilfrid n'hésitait jamais non plus à aider ses joueurs en dehors du terrain. Sous son impulsion, une quête a été organisée pour l'un d'eux qui vivait en foyer et, un peu grâce à lui, un coéquipier du club l'a même fait travailler quelque temps dans son entreprise de BTP. Après les rencontres, l'équipe avait pris l'habitude de fêter les anniversaires et de partager un gâteau. Au fur et à mesure, chaque semaine, un gâteau était apporté sans qu'il y ait forcément d'anniversaire à célébrer. Avec Wilfrid, c'était en quelque sorte un football solidaire et convivial.

Carré et exigeant sur le terrain, il se montre à l'extérieur plus avenant et chambreur, offrant une autre facette de sa personnalité. Il aime la convivialité. Wilfrid organise à la fin de chaque saison, autour d'un barbecue, un match entre éducateurs et parents contre une équipe de jeunes U13 et U15. De biens bons souvenirs pour les participants, comme pour ceux qui ont assisté aux Noëls de l'AS Bondy à la salle André-Malraux, pour lesquels Wilfrid ne comptait pas son temps.

Si Fayza et Wilfrid, son aîné de quelques mois, se croisent régulièrement à la Maison de Quartier Daniel-Balavoine, le début de leur relation se fera plus tard dans la plus grande discrétion. « À l'époque, ce n'était pas évident pour une jeune fille d'origine maghrébine de fréquenter un garçon d'origine africaine, c'était mal vu », raconte une ancienne connaissance du couple qui les a parfois hébergés. Les Mbappé possèdent une bande d'amis communs. Les gars du football viennent souvent encourager les filles du hand. Les après-matches se terminent parfois par des dîners et des soirées. Derrière les platines, on retrouve Pierre Mbappé, très branché musique, hip-hop, funk ou groove…

En 1996, Fayza et ses copines du hand jouent la montée en première division contre Manosque. Au match aller, les frères Mbappé, Dominique Mendy, Jacky Théophile, et toute la bande sont là dans les tribunes du gymnase Aïache. La victoire est au rendez-vous. Pour les remercier de leur soutien et pouvoir encore compter sur eux au retour, les filles leur payent le billet d'avion. « Elles avaient su préserver leur avance de l'aller et avaient obtenu la montée, se souvient Dominique Mendy. On avait fait la fête après et traîné dans les rues de Marseille et sur le Vieux-Port jusqu'au petit matin avant de repartir en TGV à Bondy, où on avait un match l'après-midi contre les Enfants de la Goutte d'Or à la Porte de la Chapelle. » « C'était une belle période », se souvient, nostalgique, Jacky.

Au fil du temps, la relation entre Wilfrid et Fayza s'officialise, malgré quelques grincements de dents. Le jeune couple s'installe d'abord à Bondy Nord, dans le quartier de la Noue-Caillet, puis rapidement dans un appartement en centre-ville, au 4, allée des Lilas, un trois-pièces d'à peine 60 m^2 au deuxième étage d'un petit ensemble HLM de cinq étages. De leurs fenêtres, ils ont vue sur le stade Léo-Lagrange, où Wilfrid dispense ses entraînements. C'est là que Kylian vivra ses premières années. Il est souvent gardé par Kibeti Kobo – le grand frère de Joé Kobo – devenu un intime de la famille. Ce dernier a les clés de l'appartement et va chercher Kylian à l'école, l'emmène au foot. C'est aussi lui qui, le dimanche soir, l'accompagne souvent à l'INF Clairefontaine.

Après l'arrivée du petit frère, Ethan, la famille emménage dans un pavillon de Bondy Sud, près de la gare – un premier achat qu'ils possèdent aujourd'hui encore alors qu'ils résident désormais près du Trocadéro. « Issus de la classe moyenne », selon Mme Lefèvre, l'ancienne professeur de français de Kylian au collège L'Assomption, les Mbappé, sans rouler sur l'or, vivent correctement et partent chaque année ou presque skier. Wilfrid adore le ski et possède un bon niveau, un virus qu'il a transmis à Kylian. « On a appris en colo, sur le tas. On était animateurs mais on ne savait pas skier, rigole Jacky Théophile. Wilfrid est devenu un bon skieur et dès qu'il peut il y va. »

L'été est aussi l'occasion de vacances avec les amis, comme Thierry Pointeau, ancien président de l'AS Bondy foot et responsable de l'équipe de foot entreprise GTIE dans laquelle ont joué Pierre et Wilfrid, en plus de porter le maillot de l'équipe senior de Bondy. Wilfrid meneur de jeu et Pierre au milieu ou en défense formaient un beau duo au sein de ces équipes. Jacky Théophile était aussi de ces virées estivales entre potes. « Wilfrid ne comptait pas, se souvient-il. Il voulait que l'on soit bien, toujours faire plaisir. Comme avec les gamins du Petit Bar. C'est lui qui, avec ses deniers personnels, achetait les maillots des équipes, celui d'Aston Villa, de l'équipe d'Angleterre... » Mais alors que tous ses copains avaient une équipe préférée, Mbappé senior n'a jamais témoigné officiellement d'une affection particulière pour un club plus que pour un autre. Avec la Maison de Quartier

Daniel-Balavoine, Wilfrid emmenait ses jeunes de temps en temps au Parc des Princes, assister à des rencontres du PSG d'Halilhodzic et Rocheteau ou du Matra Racing, version Eugène Kabongo. Un vrai périple. Il leur fallait prendre le bus puis le métro jusqu'à République avant de remonter la ligne 9 jusqu'à la Porte de Saint-Cloud, plus de vingt stations… Un match au Parc ça se mérite.

« Wilfrid c'était un peu un père pour nous à l'école ou au foot, il accordait de l'importance aux résultats scolaires et à l'attitude. Il voulait former des hommes avant d'en faire des footballeurs. Je me souviens qu'il nous conseillait par exemple sur les clubs à rejoindre quand on était suivi. Il nous disait où aller. Il ne nous vendait pas des rêves, nous disait ce que certains n'osaient pas nous dire. Moi ça m'a aidé », reconnaît Fabrice N'Sakala, formé par Wilfrid Mbappé entre 10 et 13 ans, et aujourd'hui à Alanyaspor en première division turque. L'équipe de N'Sakala surnommait Wilfrid l'Homme de Cro-Magnon. « On disait cela par rapport à son dos et à son crâne, vu de derrière il est impressionnant », sourit le latéral gauche passé par Troyes et Anderlecht. Wilfrid en imposait à ses jeunes joueurs et leur faisait parfois peur. « Sans hausser le ton, il nous disait les choses à sa façon et ça nous faisait réfléchir. Lors d'un tournoi à Fos-sur-Mer, en demi-finale on affronte Valence et le match se termine aux tirs au but. Je dois tirer le dernier et je mets le ballon sur la barre. Quand je me suis retourné, j'ai vu le regard de Wilfrid. Je n'étais pas triste d'avoir loupé mais plutôt inquiet à l'idée de sa réaction. Je m'étais presque fait pipi dessus », rigole aujourd'hui N'Sakala. Finalement, en guise de réprimande le coach lui dira qu'il en loupera d'autres dans sa carrière des tirs au but et qu'il devait avoir confiance en lui pour recommencer à en tirer. Wilfrid a beaucoup compté dans la carrière de N'Sakala, en lui recommandant de ne pas rejoindre Marseille ou Bordeaux mais plutôt de s'orienter vers des clubs comme Caen ou Troyes, « plus familiaux, avec moins de pression » et plus en rapport avec sa personnalité. « Cela m'a réussi », consent N'Sakala qui rejoindra Troyes. Dix joueurs sur les onze de son équipe en jeune ont signé pro et trois ou quatre ont même été appelés en équipe de France.

Wilfrid a joué à plein son rôle d'éducateur. « Wilfrid c'est un hussard de la République[1], appuie Sylvine Thomassin, l'édile de Bondy. Il pourrait recevoir les palmes académiques car elles ne sont pas réservées aux seuls enseignants. Il aime le foot et c'est un bon technicien mais, surtout, il sait transmettre. » « On avait mis en place un système pendant trois ans et les jeunes du club de foot qui étaient scolarisés au collège Jean-Renoir devaient lui montrer leur carnet de liaison avant les entraînements et les matches, raconte Dalila Hassani, ancienne proviseur adjointe de cet établissement aujourd'hui en

---

1. Nom donné aux instituteurs sous la Troisième République après le vote des lois scolaires dites « lois Jules Ferry » et le vote de la loi de séparation des Églises et de l'État en 1905. On doit cette expression à l'écrivain et poète Charles Péguy.

poste à Romainville. S'ils s'étaient bien comportés, ils pouvaient s'entraîner et jouer. Au contraire, s'ils ne s'étaient pas correctement tenus, ils étaient privés de football. C'était très efficace car les jeunes ont tendance à davantage respecter leur entraîneur que leurs professeurs. Les effets ont été bénéfiques sur les élèves qui étaient aussi membres du club de foot de Bondy. Ils ont compris que nous formions une équipe et que si on respectait son coach sportif, on respectait aussi son professeur, Wilfrid était intransigeant là-dessus. » « Les profs appelaient plus souvent Wilfrid que les parents pour régler certains problèmes avec leurs élèves, confirme Jamel Zahiri. Il avait un rôle social au-delà du foot. Il a aidé beaucoup de jeunes qui n'ont pas fait carrière. »

L'implication des parents de Kylian dans la vie sociale bondynoise et leurs personnalités généreuses en font des gens respectés et appréciés. Ils ne sont pas simplement réduits au titre de « parents de… », même si ce sera à jamais leur première qualité. « Je suis impressionnée par l'importance de la famille dans l'éclosion de Kylian. C'est assez exceptionnel la façon dont ses parents ont su l'accompagner et gérer une telle précocité, le tout avec amour, rigueur et une intelligence apportée à l'éducation de leurs enfants, témoigne Nathalie Boy de la Tour, la présidente de la Ligue de football professionnel. Wilfrid et Fayza forment un binôme complémentaire. » Un proche poursuit : « Il faut porter au crédit de sa mère et de son père le fait qu'ils aient éduqué Kylian avec des valeurs et le respect. Et ils continuent, ils le maintiennent sur les rails au quotidien, afin qu'il n'explose pas. » Dominique Mendy assene : « Ce sont des gens bien, simples, sains, à fond dans le sport. »

L'histoire de la famille Mbappé a été marquée par un événement peu ordinaire au tournant des années 2000. Alors que le couple a le bonheur d'avoir déjà Kylian, il va prendre en charge, du jour au lendemain, un autre enfant : Jirès Kembo Ekoko, devenu footballeur professionnel lui aussi. Les deux garçons ont presque onze ans d'écart, puisque Jirès – un prénom donné par son père biologique, ancien international zaïrois, en hommage à Alain Giresse, ex-international français, vainqueur du championnat d'Europe 1984 et membre du carré magique de l'équipe de France avec Michel Platini, Luis Fernandez et Jean Tigana – naît en janvier 1988 à Kinshasa, en République démocratique du Congo. Ses parents l'envoient en France à 6 ans pour lui offrir « une vie meilleure ». Il rejoint alors un oncle et une tante à Bondy, où il est scolarisé à l'école André-Boulloche, comme Fabrice N'Sakala. « La première fois que j'ai rencontré Jirès, c'était à la récréation à l'école, se souvient Fabrice. Je jouais au club de Bondy et j'étais l'un des meilleurs jeunes de l'école. Jirès nous a impressionnés. Il était trop fort, il m'a un peu volé la vedette. » Wilfrid Mbappé repère vite le talent du jeune Jirès et lui propose de rejoindre le club de football. Jusqu'au jour où, après un entraînement, la tante de Jirès ne vient pas le chercher – le garçon apprendra peu après que sa « tante » et son « oncle » ne l'étaient pas réellement, qu'il s'agissait seulement « d'amis » de sa famille... Wilfrid Mbappé ne laisse pas l'adolescent à la rue et l'emmène chez lui pour la soirée. Le couple décide ensuite de l'accueillir définitivement et de l'élever comme s'il était leur fils. « Wilfrid a été mon premier coach quand je suis allé m'inscrire au foot, et le reste s'est fait à l'instinct. C'est difficile à expliquer en fait, c'est comme si cette personne m'avait toujours été destinée. Il a représenté l'image paternelle que je n'avais pas eue », confia Jirès à *So Foot* en mars 2016. « Ce n'est pas donné à tout le monde de faire cela. Personne ne savait qu'il deviendrait professionnel, même s'il était doué, confie Jacky Théophile. J'en ai plusieurs fois parlé à ma femme quand certains disaient que Fayza et Wilfrid l'avaient accueilli par intérêt : "Serait-on capable d'accepter quelqu'un chez nous au-delà de deux ou trois jours ?" Je ne pense pas. Mais pour Wilfrid c'était impensable de le laisser à la rue. »

Parallèlement, Wilfrid entreprend les démarches administratives pour devenir le tuteur légal de Jirès. « Cette démarche traduit une très grande richesse humaine, confie une amie de Fayza. D'autant plus encore qu'ils avaient un enfant en bas âge. » Kylian vient donc d'hériter d'un frère, ou d'un demi-frère. Cet aîné deviendra vite son confident et son modèle. Les deux garçons échangent quotidiennement, Jirès conseillant aussi Kylian à distance puisqu'il est parti jouer en 2012 aux Émirats arabes unis avant d'évoluer en Turquie. « C'était son choix mais je ne l'avais pas accepté, confiait Mbappé dans

L'Équipe en septembre 2017 à propos du départ de son grand frère pour un championnat mineur. C'était vraiment dur pour moi. Il sortait d'une belle saison à Rennes [10 buts en 32 matches de L1 à 24 ans] et il n'était pas loin de l'équipe de France [13 sélections et 3 buts avec les Espoirs]. Je pensais qu'il pouvait faire quelque chose. J'en ai pleuré, c'était l'amour du frère… À l'époque je n'étais pas d'accord mais il faut toujours accepter les décisions des gens. Je l'ai soutenu et je le soutiens toujours.» Cette décision a heurté Kylian parce qu'il était persuadé que Jirès pouvait rêver d'une autre carrière et évoluer dans de meilleurs clubs. Mais Jirès a opté pour un choix notamment financier, comme il ne s'en est jamais caché. «La présence de Jirès a été très importante pour Kylian, c'était un phare pour lui. Kylian a eu la même relation avec Jirès qu'il a aujourd'hui avec Ethan. C'était un ado très sain, avec une grande richesse dans les relations», confie Yannick Saint-Aubert.

La galaxie Mbappé serait incomplète sans trois autres personnages importants pour Kylian : Pierre Mbappé, Alain Mboma et son avocate Delphine Verheyden. Son oncle Pierre, le frère cadet de Wilfrid, a effectué la majeure partie de sa carrière de joueur, où il a évolué à presque tous les postes, dans les années 1990 et au début des années 2000 entre Bondy, Villemomble (Seine-Saint-Denis), alors en Division d'Honneur, et Levallois (Hauts-de-Seine) en CFA2, l'équivalent de la cinquième division. En 2004, victime d'une grave blessure à un genou, il arrête de jouer et accepte la proposition d'entraîner Levallois où il obtient la montée en CFA. En 2008, il tente l'expérience d'entraîneur adjoint à Villemomble, mais elle ne durera que six mois à peine. Pierre Mbappé s'engage ensuite à Ivry, pensionnaire de CFA2. En cinq saisons, il fait passer un palier à un club qu'il hisse en CFA avant de parvenir à le maintenir à ce niveau. Il a aussi été directeur sportif de Sedan jusqu'en décembre 2016. Détenteur d'une licence d'Administration économique et sociale, il a effectué plusieurs stages dans le cadre de son diplôme d'entraîneur au sein des centres de formation de Chelsea, en avril 2012, puis du Real Madrid, en décembre 2013. Pierre, proche de son aîné, a accompagné lui aussi le développement et la carrière de son neveu. Notamment à l'AS Monaco. Il était présent au Parc des Princes le jour de la présentation officielle de Kylian, où il pose fièrement en famille avec le néo-Parisien. « Le premier à avoir cru en Kylian, c'est son père », déclara Pierre dans le documentaire de la chaîne L'Équipe, *Kylian Mbappé hors norme*. Le trio sportif autour de Kylian est complété par Alain Mboma, ami de la famille. Il a lui aussi suivi de près l'évolution du jeune Kylian. Il a côtoyé Pierre notamment à Villemonble où ils ont joué ensemble. Cet entraîneur connaît bien Wilfrid pour avoir été lui aussi animateur à Bondy. Son épouse, enseignante, a aidé Kylian dans sa jeunesse à faire ses devoirs et leur fils est un proche de l'attaquant parisien.

Si Wilfrid est en charge du sportif, Fayza s'occupe de tous les aspects de la vie de son fils en dehors des terrains, et notamment du business, mais aussi de choses plus futiles, le conseiller pour l'achat de ses vêtements ou le dissuader d'opter pour certaines coupes de cheveux qu'elle ne juge pas toujours de bon goût, comme quand Kylian voulait se faire une tonsure en hommage à Zinedine Zidane. Mais c'est en premier lieu sa confidente. Kylian lui raconte tout, même ses histoires de cœur. Sur ce sujet, il demeure très discret. En fin d'année 2018, lors d'un échange avec Neymar pour l'un des sponsors du club, Mbappé confia être célibataire.

Médiatiquement, les Mbappé ont aussi leurs relais. Des journalistes qu'ils ont connus autour des terrains de Bondy quand Wilfrid était entraîneur et qui ont su gagner la confiance de la famille. D'autres qui ont été parmi les premiers à s'intéresser au talent fou de Kylian et ont mis en lumière le gamin en or dans leurs articles ou leurs sujets. Dans les grands titres de la presse française, les Mbappé possèdent ainsi des gens de confiance : à TF1, à Canal+, au *Parisien-Aujourd'hui en France*, à *L'Équipe, à France Football* qui détient le Ballon d'Or que les Mbappé imaginent gagner plusieurs fois… Et ils leur sont fidèles tant que le lien de confiance perdure. Ce qui est une qualité. Au point de recommander celui qui devra réaliser l'interview de Kylian quand un média en obtient une : le privilège de la confiance et d'être les parents de la nouvelle star du foot français. La stratégie de communication des Mbappé est, qui plus est, portée par la grande aisance de Kylian dans ce domaine. Quel que soit le sujet, la question ou le moment, il a toujours le bon mot à adresser aux bonnes personnes. « Ses parents ont appris à Kylian à contrôler les choses, ils sont là, à ses côtés en tuteur, mais pas là pour contrôler Kylian », pense Sylvine Thomassin, maire de Bondy.

Et c'est vrai que Kylian semble contrôler en permanence, même à chaud à la sortie d'un match. Jusqu'à présent, il n'a commis qu'une seule petite bourde, lors de sa première saison au PSG, en octobre 2017, avant son premier *clásico*, en déclarant : « Pour l'OM c'est le match de l'année, pas pour nous. » Ce franc-parler, d'autant que sa prestation avait été jugée médiocre ce jour-là, avait été interprété comme de la suffisance alors qu'il s'agissait plutôt d'un constat froid, implacable, conforme à la réalité sportive du moment. Archi dominateur en France, le PSG accorde désormais bien plus d'importance à ses rendez-vous européens qu'à ces face-à-face contre son meilleur ennemi. Sujet de critiques après cette sortie, Mbappé avait alors pris un peu de distance avec les médias pendant quelques semaines et conclu que « toute vérité n'est pas bonne à dire ».

Pour gérer le développement de la petite entreprise K.M., un dernier personnage tient un rôle prépondérant. M. et Mme Mbappé se sont attaché les services de Delphine Verheyden, une avocate spécialisée dans le droit du sport, qui s'est fait connaître en étant le conseil pendant plusieurs années de Teddy Riner. Ils ont pourtant vu sonner à leur porte tout ce que la terre compte d'agents sportifs, français ou étrangers, et pour certains ultra-puissants comme le Portugais Jorge Mendes, l'agent de Cristiano Ronaldo. Chaque fois, ils ont remercié pour l'intérêt manifesté mais ils ont décliné. Concernant Me Verheyden, la démarche a été inverse puisque c'est Fayza qui est allée la solliciter, alors que Kylian n'avait que 16 ou 17 ans et n'était même pas encore professionnel. Preuve que maman Mbappé voulait baliser la carrière de son fils et aussi l'entourer d'une structure professionnelle en dehors des terrains. On ne peut que saluer cette anticipation et cette aptitude à mettre tous les atouts de leur côté, qui démontrent quand même une grande réflexion sur la stratégie à adopter autour de Kylian pour en faire un champion unique. Tout a été pensé. Dans les moindres détails. D'une intelligence redoutable, Fayza a toujours tout géré pour protéger son « petit » des indésirables en tout genre.

L'avocate choisie collabore ou a collaboré avec les athlètes Renaud Lavillenie, Kevin Mayer, le skieur Martin Fourcade ou le médiatique rugbyman Sébastien Chabal. C'est lors de ses études de droit à Assas que la future avocate attrape le virus du droit du sport. Plus tard, elle rencontre Jean-Jacques Bertrand, avocat spécialisé dans le sport et qui gère ou a géré la carrière de plusieurs joueurs professionnels ou entraîneurs, comme Hatem Ben Arfa actuellement. Ensemble, les deux avocats ont écrit un livre : *Le Sportif et son agent*, paru en 1999. Delphine Verheyden doit surtout sa notoriété dans le milieu sportif à Teddy Riner, le multiple champion olympique et champion du monde de judo. Avec le judoka, elle a basculé dans un autre monde et, inversement, a fait basculer également son client dans le cercle des sportifs stars, alors que son sport, le judo, le destinait *a priori* à un coup de projecteur tous les quatre ans, lors des jeux Olympiques. Avec Kylian, les projecteurs sont quotidiennement braqués sur lui, presque vingt-quatre heures sur vingt-quatre.

Tout ce qui a trait à l'image et aux revenus hors PSG de Kylian passe par elle. Un contrat de sponsoring, un livre, un reportage télé… elle est consultée, donne son avis, intervient et négocie. Elle rencontre Fayza Mbappé très régulièrement, pas loin d'une fois par semaine à certaines périodes. Me Verheyden, qui a constitué une petite équipe pour son client star (photographe, juristes…), se montre intraitable, extrêmement pointilleuse, parfois même cassante selon les dires de certains de ses interlocuteurs. Traiter avec l'avocate procure des sueurs froides au PSG. La moindre photo, le moindre mail, le moindre projet du club incluant Kylian peut donner lieu à de multiples échanges. « Elle veut tout contrôler, souffle-t-on au club. Son problème c'est qu'elle ne connaît pas bien le monde du football. » Quand vous êtes une star du sport numéro 1 et que tout le monde vous veut, c'est assez normal d'être exigeant diriez-vous. Pour le shooting photo du 100e numéro du magazine *Sport & Style* sorti en mars 2019, les Mbappé ont « imposé certaines de leurs volontés », selon un protagoniste de l'opération. Notamment que sur les photos soient bien visibles ses sponsors personnels, Nike et Hublot. La photo de une tend à le confirmer.

Bankable, Kylian l'est. Le ticket d'entrée pour s'associer à lui est estimé entre 2 et 3 millions d'euros annuels. Et, jouissant d'une aura positive, Mbappé est archi sollicité. Sa mère et son avocate, qui n'a jamais donné suite à nos sollicitations malgré plusieurs relances, répondent dans la grande majorité des cas par la négative. Même lorsque plusieurs millions d'euros sont proposés. « Kylian n'a pas besoin de ça donc il est sélectif, défend un conseiller d'image. Il se positionne dans une élite. En entrant dans cette élite, tu monnayes ton image beaucoup plus chère et tu élimines. » « Il y a un cercle autour de Kylian qui ferme tout, par conséquent parmi les agences de marketing sportif son entourage ne fait pas l'unanimité, dit-on au sein de l'une d'entre elles présente à l'international. Au final, on ne le met jamais dans les recommandations pour un client. » Mbappé aurait pu figurer à l'été 2018 dans les publicités de Wish, société américaine de commerce en ligne, au même titre que d'autres footballeurs mondialement connus comme Neymar, Gareth Bale ou Paul Pogba. Un agent a contacté l'avocate avec à la clé un contrat estimé entre un et deux millions d'euros, selon une source proche de la marque. Malgré ses multiples relances, l'agent a eu les pires difficultés à joindre Me Verheyden. « Ce n'est ni correct ni pro », souffle-t-on dans l'entourage de Wish.

Un autre intermédiaire dans le business sportif avait été mandaté par des clients de marques high-tech internationales pour proposer des partenaires à Kylian Mbappé. Il en garde un souvenir amer.

« L'avocate m'a pris de haut en me disant que je me gavais sur le dos des sportifs avec mon pourcentage de commission sur les contrats signés, ça commençait bien, raconte cet entrepreneur qui travaille pour plusieurs internationaux et champions du monde. Je lui ai rétorqué que c'était pareil pour elle avec ses honoraires et qu'elle pouvait compter autant d'heures qu'elle voulait, que personne ne pouvait vérifier. » Après ces amabilités initiales – et validation de Fayza –, un rendez-vous a pu avoir lieu avec les dirigeants des marques intéressées pour s'associer à l'image de Kylian. Les PDG se sont déplacés en personne mais, après quelques minutes d'échanges, la discussion a tourné court, sans même que la question financière ait été abordée. « Tout était compliqué même ce qui pouvait être simple », regrette l'apporteur d'affaires.

Au-delà de ces péripéties, dans le foot ou les affaires, les parents de Kylian ne seront pas étrangers à ses futurs succès, eux qui le couvent, le façonnent depuis son plus jeune âge. Son directeur d'école primaire, en est convaincu depuis bien longtemps. Lorsque Kylian a été appelé pour la première fois en équipe de France, en mars 2017, il lui a offert un exemplaire de *L'Étranger* d'Albert Camus parce que « Meursault, le héros de Camus subit son destin. Kylian, grâce à ses parents, a pu choisir le sien. J'espère pouvoir un jour en parler avec lui… », nous confie M. Saint-Aubert. En attendant ce futur échange, Kylian l'a remercié à sa manière, avec humour : « Merci de vous occuper de ma culture. »

3

Quand on le surnommait Mbébé

Le dépaysement est total. En guise d'immeubles et de tours d'habitation, les arbres de Clairefontaine, dans les Yvelines. Cette forêt du Parc naturel régional de la haute vallée de Chevreuse est dense, propice à la chasse et, le matin, c'est le chant des oiseaux qu'il entend depuis sa chambre. L'agitation de Bondy, coincée entre l'autoroute A3 et la Nationale 3, fait place à la quiétude de ce village yvelinois de moins de mille âmes, où la Fédération française de football a niché l'Institut national du football (INF) depuis 1988, officiellement appelé Centre technique national Fernand Sastre, du nom de l'un des anciens présidents de la FFF, décédé en juin 1998. Dans l'écrin de verdure du Domaine de Montjoye, la Fédération héberge l'équipe de France A et ses sélections de jeunes avant leurs grandes compétitions internationales et lors des semaines réservées aux équipes nationales. Elle y forme aussi des jeunes de 13 à 15 ans. C'est là que Kylian Mbappé, à raison de cinq jours par semaine – le week-end il rentrait à Bondy où il évoluait avec les U15 la première année et les U17 la seconde –, comme avant lui son demi-frère Jirès Kembo, va parfaire sa formation de footballeur pendant deux ans, de 2011 à 2013.

Avant même cette période, le jeune Kylian est déjà apparu sur les radars de plusieurs équipes professionnelles. Au printemps 2011, il effectue un test à Chelsea, l'un des nombreux clubs de Londres. Mais la famille ne donne pas suite. En revanche, avec le RC Lens, et son responsable du recrutement, Marc Westerloppe, le feeling passe bien. Si bien que Kylian doit signer avec le club artésien. Les premiers contacts datent presque d'un an auparavant. En juin 2010, le Bondynois, alors au physique fluet – 1,47 mètre pour 39 kilos à l'époque –, vient y faire un stage. Mais le Racing descend en Ligue 2 à la fin de l'exercice 2010-2011 et voit ainsi s'envoler ses chances de recruter celui que l'on considère déjà comme la nouvelle merveille du football français. C'est donc à l'INF Clairefontaine que Kylian décide de suivre sa préformation de footballeur.

Pour débarquer dans la pouponnière de la Fédération, le jeune Mbappé emprunte la filière traditionnelle à partir du plan de recrutement national qui a lieu chaque année. Le district du 93, la Seine Saint-Denis, a signalé le gamin aux responsables de Clairefontaine mais, comme tout un chacun, il va devoir passer par les détections de son département. Chaque district présente entre quarante et cinquante enfants, qui sont jugés pendant une demi-journée lors des vacances de février à raison de dix séances, soit un total d'environ quatre cent cinquante apprentis footballeurs passés au crible des recruteurs de l'INF. Deux cents sont retenus pour la deuxième phase de détection, qui se tient lors de quatre mercredis au mois de mars. Puis un dernier stage en avril permet de choisir parmi les cinquante derniers, les vingt-deux ou vingt-trois qui formeront la nouvelle promotion de l'INF. « Je connaissais déjà ses parents, et notamment son papa, car j'avais exercé avant comme conseiller technique dans le 93, se souvient Jean-Claude Lafargue, directeur de l'INF Clairefontaine. J'avais vu jouer Kylian une fois en U10-U11, c'était un enfant virevoltant. Ce qui le différenciait des autres c'est qu'on ne le voyait pas spécialement beaucoup mais quand il faisait quelque chose c'était décisif, il était plus efficace que ses camarades. Il apportait toujours quelque chose, ça avait du sens ce qu'il faisait. » Ses qualités, qui font si mal aujourd'hui aux défenseurs du monde entier, perçaient déjà à la préadolescence : « Une très grande explosivité sur dix-vingt mètres, un taux d'efficacité sur le temps de jeu où il avait le ballon assez élevé. Et cette certitude qu'il va y arriver, poursuit Lafargue. Après, moi j'aime bien juger comment, avec notre accompagnement, un jeune va aller vers le haut niveau. On les met en situation, ils doivent s'approprier leur jeu. On est une école, on développe des potentiels. » Déjà, il affiche cette certitude inébranlable sur sa capacité à réussir. Frank Tapiro, ancien publicitaire et conseiller en communication décrypte : « À 5 ou 6 ans, Kylian était capable de décrire sa carrière. Ce n'est pas un mythomane, il dit ce qu'il a en tête. Il est né avec une mission, une vocation. Pas celle d'être un grand joueur, celle d'être le plus grand. Il est né pour ça. En fait, il ne communique pas, il parle de sa stratégie de vie. Depuis son plus jeune âge, il sait ce qu'il veut faire et il le clame. »

À Clairefontaine, les journées sont bien rythmées et cadrées. Le réveil sonne à 7 heures chaque matin pour le jeune Kylian, qui est en chambre double, la première année avec Armand Laurienté – qui appartient aujourd'hui au Stade Rennais, où il a signé en juillet 2018 avant d'être prêté six premiers mois à Orléans. « La deuxième année, on a voulu changer et Kylian a fait chambre avec Khamis Digol [aujourd'hui à Troyes] », se remémore le Rennais. Avec Laurienté, Mbappé, qui avait tapissé sa chambre de nombreux posters, majoritairement de Cristiano Ronaldo et du Real Madrid, avait l'habitude de faire des parties du jeu Fifa sur leur console PSP avant de se coucher. « Le plus souvent il prenait le Real Madrid et moi le FC Barcelone. Kylian jouait avec Ronaldo. Il était bon à Fifa », poursuit son colocataire. La chambre se transformant aussi, à l'occasion, en mini-terrain de foot où des un contre un endiablés se disputaient. Et déjà, comme dans tout ce qu'il fait, Kylian manifeste à la moindre occasion sa détestation de la défaite.

Quinze minutes après le lever, petit-déjeuner, puis un peu avant 8 heures départ en bus pour le collège Catherine de Vivonne à Rambouillet. Dans le cadre de leur formation de footballeurs, Kylian et ses copains de l'INF avaient un emploi du temps aménagé et quittaient les cours à 15 h 05, sauf le mercredi où il n'y avait pas école. De retour à Clairefontaine une petite demi-heure plus tard, c'est l'heure du goûter avant un entretien quotidien avec les éducateurs puis l'entraînement du jour pendant près de deux heures jusqu'à 18 h 30. Une demi-heure après, le dîner est servi, à l'issue duquel les jeunes ont le droit d'utiliser leur téléphone portable pendant seulement quarante-cinq minutes. La journée se termine, en général, par deux heures d'étude de 20 à 22 heures, avec en alternance des cours de soutien en français, maths et anglais. Ce rituel connaissait quelques exceptions les mercredis soir avec la diffusion des matches de Ligue des champions, uniquement la première période pour les plus jeunes, la rencontre dans son intégralité pour les secondes années. Les pensionnaires quittaient le Centre technique national le vendredi en fin d'après-midi pour y revenir le dimanche soir avant 21 heures.

Lors de ces deux années dans le saint des saints de la Fédération, Kylian s'est construit, en tant qu'homme en s'éloignant de son cocon familial mais aussi, et surtout, en tant que footballeur. « Il a connu des hauts et des bas dans la constance. C'était une étoile filante, on ne le voyait pas assez dans la continuité et il rechignait au travail défensif, se souvient Jean-Claude Lafargue. Mais dans les six derniers mois, il a explosé. Il a travaillé le jeu dos au but, sans ballon, les courses, notamment en profondeur. Il avait un potentiel intellectuel, une intelligence tactique. Kylian a aussi changé ses attitudes, ses prises de balle. Il a commencé à s'approprier son potentiel. » L'une des dernières appréciations de son formateur disait en substance ceci : « Ça y est ! Kylian commence à prendre conscience de son énorme potentiel. La variété de son jeu est de plus en plus constante, il a compris l'importance d'utiliser les deux pieds. Là c'est parti. » Jean-Claude Lafargue allait le voir jouer de temps en temps le week-end, à Bondy. À 14 ans, Kylian était surclassé et évoluait avec les 15 ans régionaux. Un an de moins et un retard de croissance qui l'ont obligé à adapter son jeu. « Pour s'en sortir, il devait faire plus de choses car il ne pouvait pas être dans le combat physique, explique Lafargue. Il se tenait toujours assez loin de ses adversaires et toutes ses prises de balle étaient faites en mouvement pour déstabiliser ses adversaires. »

« On voyait qu'il avait quelque chose de plus techniquement, raconte Arnaud Nordin, copain de promotion à l'INF, aujourd'hui à l'AS Saint-Étienne. On était en pleine puberté, lui était un peu plus frêle que d'autres mais il sortait du lot, dans les un contre un il avait une telle qualité d'élimination, notamment grâce à sa vitesse. » Ses condisciples ressentaient-ils sa grande soif de réussite ? Partageait-il ses rêves avec eux ? « Il nous faisait comprendre qu'il allait tout faire pour réussir, abonde Nordin. Il était sûr de lui et de ses qualités mais il n'avait pas la grosse tête. C'était un compétiteur et quand il perdait, il boudait ou il voulait rejouer tout de suite, retenter l'occasion ou refaire l'exercice. Il n'aimait pas perdre. » Au foot comme aux jeux de société ou à la console, finalement.

Dans le relationnel avec ses camarades de l'INF, Kylian Mbappé est fidèle à lui-même. Taquin, chambreur, il s'entend bien avec tout le monde. « Il était très souriant et très joyeux », rapporte Jean-Claude Lafargue. « Dans la promotion on était tous copains, confirme Arnaud Nordin. Kylian amenait sa joie de vivre, sa bonne humeur, il était toujours gentil et quand il chambrait ce n'était jamais de la moquerie. C'était surtout sur le terrain qu'il l'exprimait quand il nous dribblait et venait nous dire après : "T'as vu comment je t'ai dribblé ?" »

Une autre facette de la personnalité du jeune Kylian apparaît aussi à l'époque : il est facilement boudeur. « Il n'aimait pas trop qu'on lui fasse des remarques, le coach le titillait avec ça, même les profs à l'école. Il boudait cinq-dix minutes dans son coin, mais il n'était pas rancunier », poursuit Arnaud Nordin. Un trait de caractère confirmé par Jean-Claude Lafargue : « Quand il n'était pas content, il boudait. Comme quand il ne jouait pas assez. Je lui disais d'arrêter de faire la tête, se souvient l'éducateur. Comme il avait un retard morphologique et qu'il boudait, la première année, il était surnommé Mbébé par ses camarades. »

Malgré ces petites contrariétés, finalement assez courantes à cet âge, Mbébé chemine vers son objectif. Ce besoin d'être nourri intellectuellement et de comprendre, qu'il avait déjà, ne l'a pas quitté en arrivant dans les Yvelines. « Il était très réfléchi, il était dans l'analyse, raconte l'un de ses formateurs de Clairefontaine. Kylian posait des questions notamment sur les séances. Pour qu'il adhère il fallait que les choses soient cohérentes. Il ne prenait pas si ce n'était pas nécessaire à son parcours. » Toujours et encore, Kylian est tourné vers son but, et rien ne semble pouvoir l'en dévier.

Au collège Catherine de Vivonne, il a laissé le souvenir d'un enfant rieur, « aimant s'amuser et un peu perturbateur en cours ». Guère différent en cela des autres pensionnaires de Clairefontaine, l'ado Mbappé ne se mélange pas trop aux autres élèves de l'établissement. « Ils étaient souvent entre eux et ne disaient bonjour que s'ils connaissaient déjà le professeur », raconte-t-on en interne.

« Il avait compris qu'il n'aurait plus besoin de l'école longtemps », confie un professeur. Comme partout, là encore, le rôle de Fayza apparaît déterminant. Sa mère n'hésitait jamais à le reprendre lors des réunions avec le corps enseignant pour son attitude inadaptée et ne cachait pas son mécontentement. « Sans sa mère derrière lui, il n'aurait pas suivi sa scolarité de la même façon », pense l'un de ses anciens enseignants. Virevoltant sur un terrain de football, Kylian l'était, semble-t-il, beaucoup moins dans l'eau. Piètre nageur, il a obtenu son diplôme de sauvetage au rattrapage. « On le lui a donné », rigole-t-on au collège Catherine de Vivonne. Pour ses anciens camarades de promotion, l'élève Kylian « était bavard, se rappelle Arnaud Nordin. Mais ça restait un garçon facile. Il trouvait toujours le moyen de rigoler. Et il n'aimait pas trop l'étude ». Une contrainte qu'il devait juger loin d'être indispensable pour sa réussite. « L'école n'était pas sa préoccupation, confirme Jean-Claude

Lafargue. Il était assez malin pour se contenter de ce qu'il fallait. Une fois, quand il est revenu à Clairefontaine, il est venu me voir et m'a dit "Vous avez vu, j'ai eu mon bac." Même s'il n'était pas trop concerné par l'école, c'était important pour lui de l'obtenir, notamment parce que ses parents y attachaient de l'importance. »

Coquin, chahuteur et parfois un peu provocateur, le jeune Kylian n'a pourtant jamais eu, selon Jean-Claude Lafargue, de comportement « limite » pendant ses deux années à Clairefontaine, contrairement à ce qu'avaient pu parfois pointer ses anciens instituteurs ou professeurs en primaire et en 6e et 5e à Bondy. « Il était capable de discuter avec un professeur et de lui dire qu'il n'était pas d'accord, mais il n'a jamais été dans la catégorie des joueurs à problème, confie le directeur de l'INF. Les quelques fois, où il y a pu avoir des petits soucis, ses parents étaient mis au courant et sa mère intervenait. C'était un garçon bien élevé et poli. » Et jamais il n'a franchi la ligne jaune, grâce encore à la présence de ses parents et à toute l'attention qui lui était portée.

4

Monaco, l'envol contrarié du phénomène

Aujourd'hui, l'image est toute trouvée. C'est du Rocher de Monaco, sur les hauteurs de la Principauté qui surplombent la mer Méditerranée, que Kylian Mbappé a pris son envol. Là qu'il est devenu footballeur professionnel. Là qu'il a prouvé que le petit génie de Bondy pouvait répondre aux attentes du haut niveau. Là qu'il a révélé son talent, déjà connu et reconnu dans le milieu du football français depuis ses plus jeunes années, à la face du monde. Lui n'en a jamais douté, les siens non plus. D'autres s'étaient montré prudents – le plus souvent dans un souci de le préserver –, voire moins empressés à le laisser s'élancer de ses propres ailes parmi les professionnels, ce qui a engendré plusieurs épisodes de tension ou de conflit lors de son passage à l'AS Monaco. Ils sont, il est vrai nombreux, les jeunes prodiges du ballon rond, stars avant même d'avoir véritablement embrassé leur carrière, à n'avoir pas pu ou su survivre à la sortie du nid. Mbappé, ambitieux, préparé et sûr de ses forces, a plus que survécu. Il est devenu, en à peine plus d'une demi-saison de fulgurances, de buts et de dribbles, un candidat crédible au Ballon d'Or France Football et le deuxième joueur le plus cher de l'Histoire du football, après Neymar, lors de son transfert de Monaco au Paris Saint-Germain pour 180 millions d'euros (145 + 35 M€ de bonus) le 31 août 2017.

L'ASM constitue donc une étape décisive, cruciale, dans la construction du champion. Rien ne dit qu'il n'aurait pas réussi de la même manière ailleurs, à Caen, Rennes, Bordeaux, au Real Madrid ou à Chelsea, des clubs qui eux aussi le voulaient ardemment. Mais Monaco lui a offert les conditions idéales. Celles voulues par ses parents. La douceur et la tranquillité de la Principauté lui ont permis de grandir à toute vitesse dans le calme et d'éviter une surexposition médiatique, notamment, que n'aurait pas manqué de lui conférer une formation au PSG, candidat lui aussi pour l'attirer dans son centre de formation. Le club princier, pour toutes ces raisons, est à part dans le cœur de Kylian et des siens, même si tout n'a pas été facile, loin de là. Même si la fin de l'éclosion a été quelque peu tronquée.

Kylian Mbappé rejoint l'AS Monaco le 3 juillet 2013. Il y signe un contrat aspirant de trois ans (700 euros mensuels la première année, 800 la deuxième et un peu plus de 1 000 la troisième), assorti d'une prime à la signature d'environ 400 000 euros selon diverses sources. Les deux parties discutaient depuis un certain temps déjà. Une réunion, en particulier, est restée dans la mémoire des recruteurs de l'ASM. Elle s'est déroulée un samedi, quelques jours avant Noël 2012, un peu plus de six mois avant sa signature l'été suivant. Kylian et son père Wilfrid rencontrent Souleymane Camara, alors responsable du recrutement au centre de formation du club, aujourd'hui au Red Star en Ligue 2, et Frédéric Barilaro, à l'époque directeur de la formation monégasque, actuellement à la tête des U19. « On avait un processus de recrutement simple et clair. J'organisais les week-ends de mes scouts sur la France et l'Ile-de-France, raconte Camara. L'un d'eux, Reda Hammache, m'avait alerté qu'il y avait un joueur à Bondy, et j'avais reçu des rapports très positifs sur Kylian. En 2011, il avait presque 13 ans et on avait décidé de continuer à le suivre pour juger de son évolution. Sauf que Monaco est descendu en L2 et à ce moment-là [au terme de la saison 2010-2011] on a coupé un peu les observations de jeunes talents car le club n'était plus en capacité financière de les attirer. Mais l'arrivée du nouveau propriétaire russe [Dimitri Rybolovlev], la remontée en L1 et la volonté de recruter des stars comme Falcao et James Rodriguez ont déterminé une nouvelle politique où il fallait se positionner sur les plus forts talents. On a donc repris contact avec sa famille. » Souleymane Camara la connaissait déjà pour avoir un temps suivi Jirès Kembo, le demi-frère de Kylian, avant que celui-ci ne signe finalement à Rennes.

Lors de ce premier entretien, Kylian Mbappé avait marqué les esprits de ses interlocuteurs, malgré son jeune âge, à peine 14 ans à l'époque.

« C'était déjà un adulte, il avait des convictions, des certitudes sur ce qu'il était capable de faire, poursuit Souleymane Camara. Ce n'est pas unique mais c'est assez rare quand même. » Précoce, Kylian pose beaucoup de questions, il prend la parole presque autant que son père et ses interrogations sont le plus souvent pertinentes. Il s'intéressait notamment au fonctionnement du centre, aux installations mises à disposition. Il tient des conversations d'adulte, avec des idées claires et précises – une aisance à s'exprimer et échanger qu'on lui retrouve aujourd'hui, lorsqu'il doit répondre aux médias, par exemple. Et qui surprend toujours pour un joueur de 20 ans. Marc Westerloppe, aujourd'hui à Rennes, avait tenté de faire venir au centre de formation de Lens le jeune Kylian. « Les décisions de la famille étaient prises de manière collégiale, appuie-t-il dans le documentaire *Kylian Mbappé hors normes*. Kylian avait toujours son mot à dire et s'il disait non, c'était non. » Et il a dit oui à Monaco.

Dans les échanges du clan Mbappé avec l'ASM, deux aspects cruciaux reviennent régulièrement dans la bouche des parents. Sportivement, leur fils ne doit pas être considéré et jugé uniquement à l'aune de son âge, lui qui est de la fin de l'année et possède un petit gabarit à l'époque, mais par rapport à son talent et ses aptitudes balle aux pieds. Deuxièmement, les parents attachent une très grande importance à sa scolarité. Pour Wilfrid et Fayza Mbappé, il est impératif que Kylian poursuive ses études et obtienne son baccalauréat. « Qu'on ne mise pas tout sur le sportif était l'une de leurs exigences, confirme Camara. Ils ont apprécié chez nous le double projet mais aussi que les professeurs soient salariés par le club et que la scolarité soit internalisée dans les locaux du Stade Louis-II. » Fidèles à leurs préceptes, ses parents ne l'ont jamais lâché sur ce point, Wilfrid lui disant souvent : « Tu dois avoir ton bac. » Et quand ils lui demandent d'aller réviser, Kylian leur répond, avec sa désinvolture habituelle accompagnée d'un geste de la main : « Le bac, c'est dans la poche. » Le jeune Monégasque l'obtiendra bien, filière STMG – Sciences et technologies du management et de la gestion –, en septembre 2016, après être passé par les rattrapages. Devant les caméras de Monaco TV, la chaîne du club, il avait juré que s'il le décrochait il ferait un tour de piste du Stade Louis-II, un soir de match, revêtu du costume de la mascotte du club, Bouba, un petit éléphant. À ce jour, il n'a pas encore eu le temps d'honorer cette promesse.

Malgré des facilités évidentes, Kylian Mbappé ne passe pas à Monaco non plus pour un élève modèle. « Il pouvait être dissipé et ce n'était pas un amoureux de l'école, raconte un de ses anciens formateurs. Il jouait beaucoup à la PlayStation et, dès qu'il le pouvait, il regardait des vidéos de foot sur son téléphone ou son ordinateur, il adorait visionner des matches ou des exploits de joueurs, leurs dribbles… » Une anecdote inédite résume assez bien à la fois sa grande ténacité, sa force de caractère mais aussi son goût modéré pour la scolarité. Un jour, il se fait confisquer son téléphone portable par Virginie Gollino-Affriat, la responsable de la scolarité de l'AS Monaco, les téléphones, comme dans bon nombre d'établissements scolaires, étant interdits en cours. Mais le jeune Mbappé n'est pas du genre à abandonner. Quand il a une idée en tête… Il décide donc d'attendre l'enseignante sur le capot de sa voiture dans le parking du Stade Louis-II jusqu'à son départ en début de soirée. Sa patience finit par être récompensée. Il ne descendra que s'il récupère son bien! Sauf que l'enseignante ne cède pas et ne lui rend pas son téléphone. Il finit par la laisser partir sans avoir récupéré son téléphone. Deux jours plus tard, pour se faire pardonner, il viendra avec une boîte de chocolats. Cette petite histoire reste gravée dans les mémoires du personnel éducatif du club.

Les débuts sportifs de Kylian Mbappé à l'AS Monaco connaissent aussi quelques soubresauts. La première année, sa famille opte pour un choix fort afin de l'accompagner dans sa progression. Son père prend une année sabbatique et descend vivre avec lui, laissant sa femme et son plus jeune fils, Ethan, en banlieue parisienne. Wilfrid habite un petit appartement au Cap-d'Ail et Kylian vit au centre comme ses camarades. Au-delà de la séparation familiale, c'est dans sa vie d'apprenti footballeur que les choses ne se passent pas comme prévu. Kylian s'entraîne avec les U17 monégasques dirigés par Bruno Irles, ancien joueur du club et entraîneur des équipes de jeunes, aujourd'hui consultant pour le groupe Canal+. La relation entre les deux hommes ne va pas être idéale. Contacté, Irles n'a pas souhaité revenir sur cet épisode. Dans le documentaire *Kylian Mbappé hors normes*, l'ancien défenseur central disait sur le sujet : « Le but c'était vraiment de lui montrer ce qu'il avait comme points forts, notamment son potentiel offensif, et ce qui lui manquait pour le haut niveau, il avait des carences défensives. C'est vrai que parfois je l'ai un peu secoué pour qu'il réagisse. Mais je ne l'ai pas senti très réceptif à ces remarques, qui auraient été constructives pour lui. » « Bruno Irles a voulu asseoir son autorité sur le groupe à travers Kylian, pense Souleymane Camara. Un jour, lors d'une réunion de rentrée, il lui a dit : "Ici tu es à l'AS Monaco, pas au Real Madrid", un club qui avait voulu le recruter en même temps que nous. » Cette remarque n'a pas plu à Kylian et son entourage, d'autant qu'elle n'aurait pas été isolée. Autre élément, Irles préférait faire évoluer son équipe avec des joueurs plus âgés d'une année. Le jeune Mbappé, qui découvre la concurrence, joue donc peu. Il se retrouve plusieurs fois à évoluer en Division d'Honneur… où les choses ne se passent pas bien, Kylian manifestant sa déception d'évoluer à ce niveau. Mises bout à bout, ces petites déconvenues font que l'expérience monégasque débute mal ; surtout, elle ne respecte pas le plan de carrière établi avec la famille qui s'en émeut auprès des responsables du centre. « Pour les Mbappé, Kylian était programmé pour réussir, lui et eux en étaient convaincus. Et il avait les qualités pour aller jouer dans les équipes du dessus malgré son âge. Je me souviens que Fred Barilaro était d'accord avec eux mais qu'il avait un peu freiné pour le bien du petit. Mais c'est vrai qu'à part eux, personne n'imaginait un tel parcours pour Kylian», raconte un salarié du club. «La famille était très impliquée, et Bruno n'a pas pris le temps de la rassurer et de lui répondre. J'ai dû faire le tampon», poursuit Camara. «Il a fallu intervenir car ça ne se passait pas très bien, confirme un formateur. Bruno reprochait à Kylian sa désinvolture, de ne pas beaucoup bosser, notamment défensivement, et de ne pas aimer les contraintes.» Des reproches plus ou moins déjà formulés à l'INF Clairefontaine et que l'on entend aujourd'hui encore au sujet du champion du monde. Lui-même, avec sa franchise habituelle, reconnaît volontiers qu'il doit progresser dans ce domaine. Les relations continuent donc à se détériorer. Après le passage raté en Division d'Honneur, une réunion est organisée avec Souleymane Camara, Frédéric Barilaro et Bruno Irles. Ce dernier s'entend dire qu'il ne doit plus envoyer Kylian en DH…

Le clan Mbappé regrette aussi les méthodes de formation de Bruno Irles. Ce dernier, en dehors des terrains, faisait dispenser par sa femme des cours de zumba à ses jeunes joueurs. Le service presse du club avait filmé l'une de ses séances où l'on voit le jeune Kylian s'essayer à cette danse d'origine colombienne. Rien n'y fait, entre Bruno Irles et les Mbappé l'entente n'est pas possible. Jusqu'à un incident, au printemps 2014 lors du tournoi de Montaigu, près de Nantes, synonyme de point de non-retour. Lors d'un match de la compétition, Kylian aurait envoyé promener d'un geste de la main Bruno Irles après une remarque de ce dernier sur son replacement défensif. Le coach décida sur-le-champ de le sortir du terrain. Wilfrid Mbappé et son frère Pierre, l'oncle de Kylian, ancien directeur sportif de Sedan, vont avoir une explication musclée avec l'entraîneur de leur rejeton. Si musclée que Pierre, passablement énervé ce jour-là, a failli en venir aux mains, selon des sources monégasques. S'il n'avait pas été retenu par Wilfrid, l'échange aurait pris une autre tournure. C'est le différend de trop. Kylian ne veut plus de son coach et inversement. Le jeune Mbappé change de groupe d'entraînement et rejoint l'équipe des U19. Cet accroc avec la future star coûtera cher à Irles. En fin de saison 2013-2014, il rejoint – de son plein gré? – Arles-Avignon, un club partenaire de l'ASM, avant de quitter définitivement le giron monégasque un an plus tard.

En U19, sous les ordres de Frédéric Barilaro, c'est la renaissance sportive pour Kylian. Lors de cette deuxième saison aspirant (2014-2015), il alterne entre les U17 et l'étage du dessus. Il fait même quelques apparitions en Youth League, la Ligue des champions U19. Et finit par s'installer définitivement dans cette équipe. La saison d'après, il devient l'un des leaders de l'équipe U19. Lors des cinq premiers matches de la saison, il inscrit dix buts. Notamment un à Toulouse, qui a frappé les esprits de ses formateurs, avec en face de lui Issa Diop, ex-défenseur du Téfécé aujourd'hui à West Ham en Premier League et alors grand espoir français. « Il était parti balle au pied et avait fixé Diop avant de le mystifier et de marquer d'un piqué du pied gauche, se remémore un membre du staff des U19 monégasques de l'époque. Un superbe but.» Il y en aura d'autres. Beaucoup d'autres. La légende est en marche. Et plus rien ne pourra la brider, peut-être la ralentir un peu, tout au plus.

C'est ce qui se passe au début de la saison 2015-2016, la dernière de Kylian en tant qu'aspirant. Le club choie son bijou et lui accorde quelques privilèges. Dans sa chambre du centre, il a droit à la télévision et au wifi, ce qui n'est pas le cas de tous les autres pensionnaires. Mais Mbappé n'est pas tout le monde. Malgré ces petites attentions, la situation se crispe de nouveau. Une fois encore pour des raisons sportives. Mbappé a envie d'évoluer dans les étages supérieurs. Il se sent à l'étroit avec les U19 et jouer avec l'équipe réserve ne lui convient pas plus. Mais le coach portugais tarde à le convoquer en équipe première, ce qui a, de nouveau, pour conséquence de faire grincer quelques dents chez les Mbappé et de réveiller la concurrence, notamment celle du Paris Saint-Germain.

Voyant qu'une nouvelle fois la situation se crispe entre le club de la Principauté et sa jeune pépite, Olivier Létang, alors directeur sportif adjoint du PSG, revient à la charge auprès de son entourage. Finalement, le risque de perdre Mbappé avant qu'il ne signe un contrat professionnel est tel que les demandes de ses parents sont entendues par la direction monégasque. Luis Campos, alors conseiller spécial de Vadim Vasilyev, vice-président de l'AS Monaco, reçoit l'autorisation de prendre part aux discussions pour résoudre le problème. Au fil du temps, il devient un interlocuteur privilégié de la famille du champion, avec laquelle il négocie son premier contrat professionnel. Un autre acteur va aussi peser, même si cela ne se sait pas trop. Claude Makelele, éphémère directeur technique de l'ASM entre janvier et juin 2016, va trouver des arguments pour convaincre les Mbappé de signer. Dans l'entourage du champion du monde, on met en avant le rôle de l'ancien milieu de terrain du Real Madrid. Make a mis en garde Kylian contre une signature prématurée au PSG où, selon lui, il n'aurait pas joué… Luis Campos, parallèlement, va faire entendre à son compatriote Jardim qu'il serait de bon ton de prendre le « petit » en équipe première – et pas seulement pour lui faire plaisir. C'est chose faite en novembre 2015 à l'occasion d'une trêve internationale pendant laquelle le groupe pro est fortement réduit en raison du grand nombre d'internationaux qui le composent. Leonardo Jardim ne tarde pas à être conquis. Comme presque toujours, le Bondynois n'a pas besoin de plusieurs chances pour convaincre et séduire. À l'issue du premier entraînement, le coach portugais décide que, désormais, Mbappé s'entraînera avec les professionnels.

Tout s'accélère alors. Un petit mois plus tard, le 2 décembre 2015, il participe à son premier match professionnel face à Caen (1-1) en remplaçant Fábio Coentrão à la 88e minute. Ce soir-là, il en profite pour battre un premier record de précocité en devenant à 16 ans, 11 mois et 12 jours le plus jeune joueur à avoir jamais évolué avec l'AS Monaco en professionnel. Le 20 février 2016, il inscrit son premier but face à Troyes (3-1) sur un centre d'Helder Costa. Il s'adjuge par là même un nouveau record : il est à 17 ans et 2 mois le plus jeune buteur de l'histoire de l'ASM et fait ainsi mieux que Thierry Henry, qui avait ouvert son compteur à 17 ans, 8 mois et 12 jours un soir d'avril 1995 face à Lens – Henry auquel il est souvent comparé pour sa précocité et son style d'attaquant rapide et technique. Un peu moins de deux semaines plus tard, le 6 mars, Kylian Mbappé signe son premier contrat professionnel d'une durée de trois ans.

Comme depuis son arrivée à l'ASM, tout n'a pas été simple. Courtisé par des grands clubs européens (Liverpool, Arsenal, le Bayern Munich, le Real Madrid et le PSG), Mbappé a pris son temps avant de s'engager. « C'est le club qui m'a fait grandir, je m'y sens bien et je vais ainsi pouvoir continuer à franchir de nouveaux paliers », réagit Kylian le jour de l'officialisation de son engagement, le 6 mars 2016. Vadim Vasilyev, le vice-président monégasque, peut se réjouir aussi : « Nous sommes très heureux de la signature du premier contrat professionnel de Kylian Mbappé, en qui nous croyons beaucoup. Kylian est un joueur précoce, très prometteur et nous sommes persuadés qu'il s'épanouira pleinement à Monaco. Alors que Kylian fait l'objet de sollicitations de clubs très importants, cet accord est une nouvelle preuve de l'attrait de notre projet, dans lequel les jeunes talents peuvent parfaitement trouver leur place, déclare le dirigeant russe. Il met aussi en valeur le

À la crèche municipale de Bondy, rue René-Char, il n'est pas rare de voir le petit Kylian avec un maillot de l'équipe de France, sur lequel ne figure encore qu'une seule étoile. Rêve-t-il alors d'en décrocher une deuxième ?

Gif-sur-Yvette, mai 2009. Bien que licencié à l'AS Bondy, Kylian est invité par le Stade Rennais à disputer la Gif Cup, un tournoi international de joueurs de moins de 12 ans. Et déjà un trophée à embrasser !

Après être passé par l'INF Clairefontaine, Kylian poursuit sa formation à Monaco, où il s'imagine déjà faisant la une de *Time Magazine*. Le 20 février 2016, celui que les journalistes appellent encore Kylian Mbappé-Lottin inscrit son premier but en professionnel face à Troyes.

Le 24 juillet de cette même année, il marque en finale contre l'Italie et devient champion d'Europe avec les U19. Il explosera aux yeux des spécialistes du football l'année suivante, notamment grâce à sa prestation face à la Juve en demi-finales de la C1.

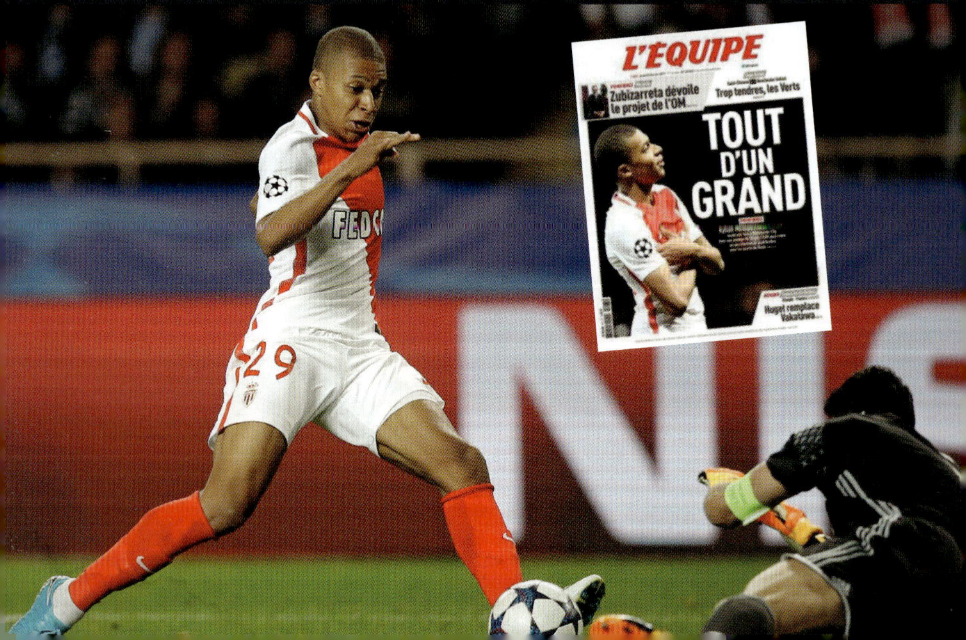

La saison 2017 s'achève en apothéose. Le club de la Principauté devient champion de France, devant le PSG. À titre personnel, Kylian reçoit le trophée de meilleur joueur du mois de mai.

TOUT SUR LA REPRISE

L'ÉQUIPE

MBAPPÉ À UN PAS DU PSG

À l'issue du mercato, Mbappé devient parisien. Sa présentation officielle à la presse a lieu au Parc des Princes le 6 septembre 2017, en présence des siens. De gauche à droite : son oncle Pierre, son frère Ethan, son père Wilfrid et son grand-père paternel. Il n'a que 18 ans et pèse déjà 180 millions d'euros.

Quelques heures plus tard, le n° 29 du PSG inaugure à Bondy le City Stade financé par son sponsor pour les enfants de sa ville natale.

6 septembre 2017, première rencontre (haut à gauche) entre le Brésilien et le Français sur le terrain d'entraînement du PSG. Une complicité naissante entre la paire d'attaquants la plus chère au monde qui se traduira sur le terrain. Au cours de la saison 2017-18, la MCN (Mbappé, Cavani, Neymar) fait des ravages et, sur la scène nationale, le PSG rafle tout : trophée des Champions, championnat, coupe de la Ligue et coupe de France.

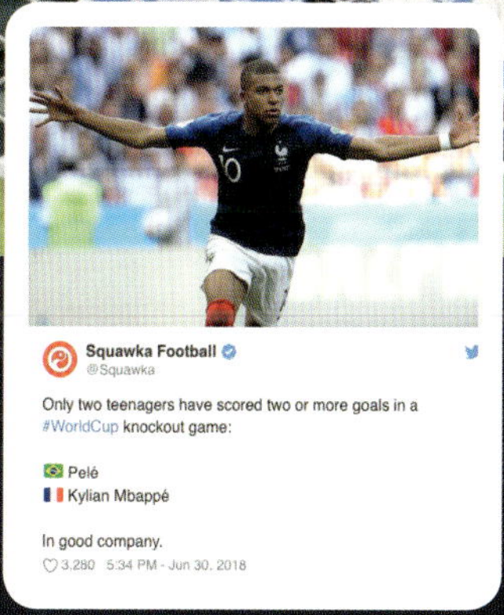

Le 30 juin 2018, la France élimine l'Argentine en 8e de finale de la coupe du monde (4-3). Lors du plus beau match du tournoi, Mbappé régale, sous l'œil de ses parents Fayza et Wilfrid : une chevauchée fantastique chronométrée à 37 km/h, qui amène le penalty transformé par Griezmann, et deux buts. Un seul joueur de moins de 20 ans avait marqué deux fois lors d'un match de coupe du monde à élimination directe : Pelé... Mbappé vient de faire son entrée dans le gotha mondial du football.

Mbappé a marqué le quatrième et dernier but français de la finale (4-2). La France est championne du monde pour la deuxième fois. Un bonheur éternel.

Les comparaisons avec Pelé se multiplient.

Mbappé est élu meilleur jeune du tournoi.

En fin d'année, lors de la cérémonie de remise du Ballon d'Or, il se voit décerner le trophée Raymond-Kopa du meilleur jeune de l'année.

La notoriété de Kylian Mbappé dépasse
désormais l'univers du ballon rond.
Il a sa statue de cire au musée Grévin.

Vivienne Walt
@vivwalt

Out now: My @TIME international cover interview on @KMbappe. I asked Mbappé how he's handling mega-fame, at 19. He tells me he clings to home truths from mom, says the key is "respect, humility, lucidity." Merci Kylian et la famille Mbappé.

3 825 07:13 - 11 oct. 2018

Il fait la une de *Time Magazine*.

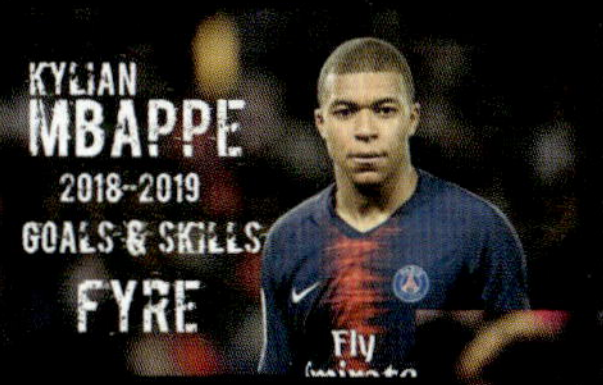

Fyre, un rappeur
bulgare, lui dédie
un titre.

Un créateur de mode indien
s'inspire de son effigie.

Une institutrice de CM1 du Val-d'Oise invente
une règle de grammaire à son nom.

Le 17 octobre 2019, c'est en héros qu'il revient à Bondy pour la première fois depuis la coupe du monde. À l'initiative de Mme le maire Sylvine Thomassin (robe jaune) et du journaliste Christian Jeanpierre, le stade Léo-Lagrange de ses débuts affiche complet.

Malgré son nouveau statut, Kylian est toujours resté fidèle à sa ville natale, qui le lui rend bien…

Bien qu'extrêmement sollicité, il consacre une partie de son temps libre à des actions caritatives, comme ici au Stade de France le 16 mai 2018, où près de 3000 enfants ont été réunis par l'association Premiers de cordée, dont il est l'un des parrains. Une fois de plus, il est accompagné de son père.

Le 2 avril 2019, à Paris, il rencontre enfin le Roi Pelé, celui qui l'a désigné comme son héritier.

travail réalisé à l'Academy de l'AS Monaco. C'est toujours une satisfaction de pouvoir donner l'opportunité à un jeune joueur qui a mûri au Centre d'évoluer dans le monde professionnel. Je suis persuadé qu'avec beaucoup de travail il va pouvoir devenir un joueur de grand talent. » Le contrat est à la hauteur des espoirs suscités par l'attaquant de 17 ans : 85 000 euros bruts mensuels la première année, 100 000 la deuxième et 120 000 la troisième, plus une prime de 3 millions d'euros à la signature sont évoqués. Luis Campos, dans le documentaire *Mbappé hors normes*, a expliqué comment, selon lui, il avait su convaincre le clan Mbappé de signer pro à l'ASM à partir d'une métaphore bien particulière : la porte du vestiaire. Le Portugais confie avoir dit aux parents de Kylian qu'il était trop tôt pour que leur fils parte dans un grand club, car, si tel était le cas, il serait accueilli fraîchement, comme un joueur lambda, quand il pousserait la porte du vestiaire de ce grand club. Mais, en revanche, s'il continuait à grandir à Monaco et à s'affirmer, il pourrait partir plus tard dans une institution. Et là l'accueil serait différent, il serait reçu avec égard et plus chaleureusement par ses coéquipiers qui verraient en lui un joueur capable de les aider à gagner…

En attendant, c'est l'AS Monaco qu'il fait gagner cette saison-là. Il remporte la coupe Gambardella, l'équivalent de la coupe de France pour les centres de formation. Il rejoint l'équipe pour les demi-finales et brille, notamment, en finale face à Lens (3-0), en inscrivant deux des trois buts et en délivrant une passe décisive sur le premier… « C'est un gamin qui marche à l'affectif, dit-on de lui à Monaco. Partout où il aurait signé, il aurait réussi pour peu que l'on sache lui témoigner de l'attention. » Dans la foulée de sa première partie d'année 2016 réussie, il va aussi se montrer déterminant lors du championnat d'Europe U19 en Allemagne remporté par les Bleuets. S'il ne finit pas meilleur buteur, il est décisif en demi-finale face au Portugal avec deux réalisations et s'affirme ainsi au niveau international dans une catégorie d'âge où il est également surclassé.

2016 restera comme un grand cru dans le cheminement de Kylian Mbappé vers les sommets. Mais, encore une fois, son parcours personnel en Principauté lors de cette même année n'aura pas été un long fleuve tranquille… Il reprend l'entraînement en juillet 2016 avec le groupe professionnel dont il est un élément à part entière. Mais il va être stoppé dans son élan. Lors de la première journée de championnat, le 12 août 2016 face à Guingamp (2-2) au Stade Louis II, il est victime d'une commotion cérébrale après un choc avec le défenseur breton Christophe Kerbrat et doit être évacué à la 40e minute de la rencontre. Direction l'hôpital où il passe un scanner qui ne révèle rien de grave, mais le jeune homme reste tout de même en observation une nuit entière. Il consulte ensuite le neurologue Jean-François Chermann, grand spécialiste des commotions cérébrales – il le fera de nouveau en janvier 2018 après un tampon d'Anthony Lopes, le gardien lyonnais, qui le contraindra à quitter le terrain en cours de match. Ce pépin va plomber son début de saison et le sortir de l'équipe. Kylian Mbappé met du temps à revenir, un bon mois, la plus longue blessure à ce jour de sa carrière. Il manque cinq matches toutes compétitions confondues, trois en L1 et les deux rencontres de barrage d'accès à la Ligue des champions face à Villarreal.

Le buteur monégasque effectue son retour lors de la réception de Rennes (3-0) le 17 septembre mais n'entre pas en jeu. En L1, il lui faudra attendre le 1er octobre à Metz et le large succès de son équipe (7-0) pour retrouver la compétition. Il ne joue que neuf minutes mais trouve le temps de délivrer une passe décisive. En Ligue des champions, il ne figure pas sur la feuille de match pour la première rencontre de poules, à Tottenham (victoire 2-1 des Monégasques). Sa frustration est énorme et il peine à la dissimuler. Il jouera ensuite une quinzaine de minutes lors de la visite de Leverkusen (1-1) à Louis II le 27 septembre mais son temps de jeu demeure famélique et la grogne gronde de nouveau chez les Mbappé. Dans *L'Équipe* du 13 octobre 2016, la veille d'un déplacement à Toulouse (défaite 1-3 de l'ASM à laquelle il ne participera pas), Wilfrid Mbappé exprime officiellement le malaise et pose ce qui ressemble à un ultimatum : « La situation ne rend pas Kylian heureux. Certains disent qu'il n'a que 17 ans, qu'il faut se calmer mais ce n'est pas de l'impatience, car le club lui-même a dit qu'il allait jouer. Comme il en a besoin à son âge, il y aura une vraie réflexion à mener au mercato d'hiver. » Les propos paternels sonnent encore plus forts quand le lendemain de la défaite à Toulouse, son fils est envoyé avec l'équipe réserve, en CFA, pour un déplacement au Pontet. Difficile d'appréhender ce choix de la direction sportive monégasque. Que cherchait-elle à travers cette décision ? En tout cas, Kylian se montre irréprochable en inscrivant deux des trois buts de la victoire de son équipe.

En filigrane, avec cette prise de parole, Mbappé père laisse planer la possibilité d'un départ de Monaco en janvier 2017, se référant aux promesses, non tenues, de la direction du club. Comme lors de l'épisode avec Bruno Irles au cours de sa première année aspirant ou au début de la saison 2015-2016 avant que Jardim ne l'intègre à l'effectif pro. Une nouvelle fois, le clan Mbappé avance uni. Jusqu'à présent aucune ligne de dissension n'est apparue entre les parents, l'oncle Pierre, les proches de la famille et bien sûr Kylian sur l'évolution de sa carrière et les choix à effectuer. Ils le savent, Mbappé junior réussira. Il est programmé pour cela. Huit jours après cette sortie médiatique de Wilfrid, Kylian est de nouveau titulaire pour la réception de Montpellier. Et Jardim n'a pas à le regretter puisque son jeune attaquant obtient un penalty transformé par Radamel Falcao, marque un but et donne une passe décisive à Valère Germain. Dans la foulée de cette performance, l'ancien de l'INF Clairefontaine va enchaîner les matches, Jardim alternant titularisations et entrées en cours de partie. Le prodige joue et brille. Rien que dans les compétitions nationales (L1, coupe de France et coupe de la Ligue), entre ce match face à Montpellier et le match retour contre ces mêmes Héraultais, le 7 février 2017 (2-1 pour Monaco), il délivre trois passes décisives et inscrit sept buts, dont un triplé en huitième de finale de la coupe de la Ligue à domicile devant Rennes (7-0). Le 6 mars, au lendemain d'un doublé face au FC Nantes, *L'Équipe* fait sa une sur lui en titrant « Le Magicien ».

Sa fin de saison sera plus impressionnante encore, avec le prisme grossissant offert par la Ligue des champions. L'AS Monaco élimine Manchester City en huitième de finale, puis Dortmund au tour suivant avant d'échouer aux portes de la finale face à la Juventus de Turin. Lors de ces six matches allers et retours, Mbappé est systématiquement titulaire et marque : deux buts contre les Anglais, trois contre les Allemands et un contre les Italiens, la seule réalisation monégasque lors de cette élimination en demi-finale européenne. Sur la scène française, il affole les statistiques avec quinze buts et huit passes décisives en L1, trois réalisations en coupe de la Ligue et deux en coupe de France. C'est tout bonnement prodigieux pour un garçon de 18 ans d'afficher une telle efficacité et de se montrer à ce point déterminant pour son équipe après moins d'une année d'expérience au plus haut niveau. Son ascension météorique et sa vitesse sur les terrains lui valent le surnom de Bip Bip, l'oiseau supersonique du dessin animé de Warner Bros poursuivi par Vil Coyote. C'est à son partenaire brésilien Jemerson que l'on doit cette trouvaille, à en croire la légende urbaine monégasque. Heureusement que les Mbappé ont insisté, protesté et même menacé pour que Kylian rejoigne, malgré son âge, les professionnels…

Cette phénoménale ascension est couronnée par une première sélection en équipe de France. Didier Deschamps l'appelle pour les matches du mois de mars et Kylian connaît sa première cape chez les A le 25 mars 2017 face au Luxembourg (3-1) au Stade de France en remplaçant Dimitri Payet à la 78e minute. Une nouvelle étape de franchie lors de cette fameuse saison. L'ASM clôture 2016-2017 de la plus belle des façons qui soit avec le gain du titre de champion de France au nez du Paris Saint-Germain, pourtant le grandissime favori en début d'exercice. Le soir du sacre, le 17 mai 2017, face à Saint-Étienne (2-0), Kylian, comme un symbole, est l'un des deux buteurs monégasques avec Valère Germain… Il se signalera aussi en se montrant beaucoup moins démonstratif que ses partenaires à l'heure des festivités. Beaucoup d'entre eux filment avec leur smartphone la joie et la communion avec le public. Pas Mbappé. Interrogé sur ce manque d'effusion apparent, il expliquera que c'était volontaire afin d'observer ce qu'il se passait et d'emmagasiner visuellement le plus de souvenirs possibles. Un peu plus d'un an après, lors du succès en finale de la coupe du monde contre la Croatie (4-2) au stade Loujniki de Moscou, il fera de même. Jusque dans la façon de vivre les succès, même les plus beaux, il se singularise.

Monaco a enchanté l'Hexagone mais aussi l'Europe du foot par son jeu offensif et spectaculaire. Son effectif a pris de la valeur lors de cet exercice brillant; Kylian Mbappé, le futur du football mondial, plus que les autres. L'intersaison 2017 va donc être marquée par une frénésie de rumeurs et de départs parmi les champions de France: Benjamin Mendy, le copain de Kylian, Tiémoué Bakayoko et Bernardo Silva en attendant Mbappé à la toute fin d'août. Ces ventes vont rapporter au club de Dimitri Rybolovlev plus de 330 millions d'euros. Les grands d'Europe font la cour à Mbappé: le Real Madrid, Barcelone, Liverpool, Manchester City et le PSG bien sûr. Zinedine Zidane, Pep Guardiola, Jurgen Klopp s'entretiennent avec le gamin et son entourage. Mais, à cet instant de l'été 2017, Kylian n'est pas pressé. Il se verrait plutôt, à un an de la coupe du monde, rester encore à Monaco où il se sent bien. C'est sa volonté. Des négociations sont même entamées pour prolonger et revaloriser son contrat. Mais, comme depuis le début de son aventure en Principauté, un nouveau contretemps va venir contrarier les plans initiaux. Il apprend, sans en avoir été informé par ses dirigeants, que l'ASM s'est mis d'accord avec le Real Madrid sur le prix de son transfert: 180 millions d'euros. Il ne lui reste plus qu'à s'entendre avec le club de Zinedine Zidane et il sera un joueur de la Maison Blanche, son club préféré, le rêve de sa vie. Mais telle n'est pas son intention du moment, il ne veut pas aller trop vite. Surtout, il redoute de ne pas avoir un temps de jeu important à Madrid compte tenu de la concurrence en attaque avec Karim Benzema, Gareth Bale et surtout Cristiano Ronaldo, sans oublier le jeune Isco. Surtout, Mbappé ne veut pas se sentir forcé de faire quelque chose qu'il ne désire pas ardemment. Il va donc refuser l'offre madrilène tout en actant son départ du champion de France. Pour quelle destination ? Liverpool et Manchester City sont là, Arsenal aussi, qui via Arsène Wenger fait le forcing… Mais le choix des Mbappé se porte sur Paris.

5

Avec le PSG, l'union retardée

C'est un reproche régulièrement formulé au Paris Saint-Germain. Le club de la capitale a très souvent la mauvaise réputation de ne pas savoir attirer dans son centre de formation les meilleurs jeunes issus de Paris ou de l'Ile-de-France. Fort d'un peu plus de douze millions d'habitants, le bassin parisien constitue le plus grand réservoir du football européen et un superbe terrain de chasse pour les clubs de tout le continent. La présence en grand nombre de recruteurs français et étrangers chaque week-end sur les milliers de terrains franciliens le confirme. Par le passé, le PSG et ses différentes directions sportives de jeunes ont vu, par exemple, leur échapper Paul Pogba, ou il y a un peu plus longtemps Hatem Ben Arfa. Dans le cas du talentueux gaucher, aujourd'hui à Rennes, ce n'est pas faute de l'avoir repéré de bonne heure. Hatem avait même rencontré Luis Fernandez quand ce dernier était l'entraîneur de l'équipe professionnelle au début des années 2000, mais le PSG n'avait alors pas voulu ou pu s'aligner sur l'offre financière faite par l'Olympique Lyonnais à Ben Arfa et sa famille.

Pour Kylian Mbappé, les recruteurs parisiens, notamment Pierre Reynaud, ancien joueur du club dans les années 1980 et 1990, aujourd'hui responsable de la cellule recrutement en Ile-de-France, n'ont pas manqué de cibler le petit prodige de Bondy et de rédiger des rapports sur lui. Mais, malgré leur travail, le PSG a bien failli ne jamais voir évoluer sous son maillot rouge et bleu le meilleur joueur francilien de sa génération – peut-être même le meilleur tout court, sachant que Michel Platini était de l'Est de la France et Zinedine Zidane du Sud.

Pendant près de deux ans, les *scouts* de l'équipe de la capitale ont multiplié les échanges avec les parents de Kylian, aux bords des terrains de l'AS Bondy ou à leur domicile. Reynaud a régulièrement fait des allers-retours entre les Yvelines et la cité de Seine-Saint-Denis. Il a passé un temps incalculable avec Wilfrid et des gens de l'AS Bondy. Il a vu des dizaines de matches, a assisté à des tournois, même en salle. Il a tout tenté pour convaincre Kylian de rejoindre le centre de préformation parisien plutôt que d'intégrer l'INF Clairefontaine de 2011 à 2013. Pierre Reynaud noua, à cette occasion, une bonne relation avec Wilfrid Mbappé. Le recruteur parisien a essayé de nouveau d'enrôler le futur champion du monde après ses deux années au sein de la pouponnière de la Fédération française de football. Paris n'était pas le seul sur les rangs. Le Real Madrid figurait déjà parmi les prétendants, comme il le fut de nouveau en 2017, de même que d'autres écuries françaises comme Caen ou Lens et son responsable du recrutement Marc Westerloppe. Pierre Reynaud a fait la cour aux Mbappé comme on la ferait à sa future femme. S'il n'a pas obtenu un « oui », il a en tout cas suscité l'hésitation et semé le doute dans la famille du gamin, qui a, on le sait, finalement tranché en faveur de l'AS Monaco pour son cadre de vie mais surtout pour le projet sportif, comme Wilfrid Mbappé l'a laissé entendre dans une interview à *France Football* donnée à l'époque : « Kylian possède un jeu atypique, avait confié le paternel. À Monaco, ils ont garanti de ne pas le mettre dans une case. On voulait sentir qu'ils étaient sensibles à son profil de dribbleur, car il y a un taux d'échec à accepter. À lui aussi de s'adapter à l'équipe en gardant sa personnalité, son jeu. »

En 2013, Paris voit donc s'envoler, à nouveau, l'un des plus prometteurs jeunes issus de la banlieue parisienne. Encore un, pourrait-on être tenté de penser, qui va lui échapper et faire le bonheur d'un club de province ou d'une équipe étrangère. Une vraie malédiction… Sauf que, dans ce cas précis, il était dit que l'intérêt du PSG pour Mbappé allait perdurer et pousser le club de la capitale à une folie. Mais patientons encore un peu. Un peu moins de deux ans auparavant, à l'automne 2015, une réunion se tient entre dirigeants du centre de formation parisien, avec notamment Olivier Létang, directeur sportif adjoint du club, aujourd'hui président du Stade Rennais, et Marc Westerloppe, recruté par Létang en 2013 à Paris afin de bâtir une cellule de recrutement rayonnant sur toute la France et quelques pays limitrophes. Westerloppe, qui suivra Létang à Rennes, avait noué des contacts en 2010-2011 avec la famille Mbappé lorsqu'il officiait au Racing Club de Lens. Découvreur de Didier Drogba, il jouit d'une réputation flatteuse dans le milieu en tant que dénicheur de talents. Comme d'autres, il n'a évidemment pas loupé le phénomène Mbappé auquel il fait faire un stage en juin 2010. « Kylian avait un gros potentiel, c'était un joueur rare, confie Westerloppe dans le documentaire *Kylian Mbappé hors normes*. Il sentait les coups, levait la tête et savait quand il fallait passer ou dribbler. Il pouvait aussi jouer avec les autres. »

Et comme d'autres responsables de centres de formation, Westerloppe se rapproche des parents de Kylian. Les échanges sont constructifs, une véritable confiance s'instaure. Une confiance dont on aura une belle illustration en plein cœur de l'affaire des quotas ethniques au PSG fin 2018, qui va beaucoup affecter le recruteur, accusé de racisme, au point de le plonger en dépression plusieurs semaines. Dans les colonnes de *L'Équipe* du 9 novembre 2018, Fayza Mbappé, qui ne s'exprime jamais ou presque, accepte de sortir du silence pour prendre la défense de Westerloppe : « Le procès qu'on est en train de lui faire est injuste, déplore-t-elle. C'est un type authentique, professionnel. C'est assez rare dans ce milieu. Encore une fois, c'est un homme de grande qualité. Il n'est pas raciste. » Beau plaidoyer ! Les qualités humaines de Westerloppe, les mots qu'il emploie devant les Mbappé, la réputation de club formateur du Racing Club de Lens – Raphaël Varane y a, entre autres, été formé avant de rejoindre le Real Madrid – et le projet sportif et éducatif proposé séduisent la famille à tel point que le Bondynois envisage sérieusement de signer au Racing. Mais, coup du sort, à la fin de la saison 2010-2011, les Sang et Or sont relégués en Ligue 2. Adieu l'élite, adieu Mbappé. « À partir de là, ça a été compliqué pour nous dans ce dossier », se souvient un dirigeant lensois de l'époque. La famille Mbappé choisit alors l'INF Clairefontaine…

À l'automne 2015, lors de la fameuse réunion, le PSG évoque donc le cas de Kylian Mbappé. Le club parisien est au courant que l'attaquant vit très mal d'être cantonné à l'équipe réserve ou aux U19 monégasques et de ne toujours pas être appelé par Leonardo Jardim afin de s'entraîner avec le groupe professionnel. Le club parisien dispose d'un atout dans son jeu pour se rapprocher du clan, en la personne de Marc Westerloppe. Le recruteur, peut-être plus encore que Pierre Reynaud, est apprécié par les parents de Kylian. Flairant la bonne affaire – Mbappé n'a pas encore signé de contrat professionnel et hésite sur son avenir –, Olivier Létang décide de foncer. « Je demande à Marc d'organiser un rendez-vous avec les parents de Kylian », se souvient l'actuel patron de Rennes. Tous les quatre dînent au restaurant du Saint-James, un discret hôtel de luxe situé tout près de la Porte Dauphine, dans le XVIe arrondissement, où Nasser Al-Khelaïfi a ses habitudes. C'est là, en février 2016, qu'il sermonnera Serge Aurier après l'affaire Periscope[1].

1. Sur le réseau social Periscope, il avait insulté son entraîneur et plusieurs de ses partenaires.

« En novembre 2015, je descends à Monaco et rencontre Kylian dans son petit appartement », poursuit Létang. Le directeur sportif fait remonter l'information à Nasser Al-Khelaïfi et insiste auprès du président parisien pour que le club le recrute, en arguant qu'il y a un coup à jouer pour ce gamin en or pas encore tenu par un contrat professionnel. Olivier Létang en est persuadé, après Lionel Messi et Cristiano Ronaldo, les deux stars trentenaires du football mondial, le futur crack, leur successeur, s'appelle Kylian Mbappé bien plus sûrement que Neymar Junior. Le boss qatarien semble conquis mais, si les Mbappé sont prêts à suivre Létang, ils doutent que Laurent Blanc fasse une place au petit. « Kylian voulait jouer et il a eu peur de se retrouver en concurrence avec Ibrahimovic, Cavani, Di Maria ou Lucas Moura, raconte un intime de la famille. Cela pouvait se comprendre et en effet il n'était pas évident qu'il ait beaucoup de temps de jeu. » Comme on l'a vu, l'AS Monaco, de peur de perdre sa pépite, l'intègre au groupe pro à la faveur de la trêve internationale de novembre 2015. Mbappé ne le quittera plus et très vite il débute avec l'équipe première où il s'y fait, presque aussi vite, une place de choix grâce à ses performances. S'ensuit la signature de son contrat professionnel en mars 2016. Beau joueur, Létang continue d'entretenir le lien pendant les mois qui suivent. Une fidélité transformée aujourd'hui en amitié avec les Mbappé. « J'ai félicité Kylian quand il a signé et, avec ses parents, notre relation s'est développée avec le temps pour devenir de plus en plus forte, confirme l'ex-directeur sportif parisien. Avec Wilfrid, on a beaucoup échangé sur le foot et le jeu, on continue d'ailleurs à le faire et à se voir régulièrement à Rennes ou à Paris. J'étais persuadé que, si le PSG avait Kylian dans son effectif, il disposerait d'un avantage concurrentiel certain par rapport à tous les autres clubs en Europe. »

Les heures de Létang au PSG sont comptées. En opposition forte depuis des mois avec plusieurs dirigeants, dont Jean-Martial Ribes, directeur de la communication du club et bras droit d'Al-Khelaïfi, et n'ayant pas trop goûté le recrutement de Patrick Kluivert au début de la saison 2016-2017 dans un improbable rôle de directeur du football, le directeur sportif donne sa démission le 10 avril 2017. Son départ sera effectif à la fin mai. Entre-temps, il continue d'œuvrer sur le dossier. Alors même que, dans le plus grand secret, Paris avance sur la venue de Neymar, les directions générale et sportive mènent des négociations avec le jeune attaquant, fraîchement champion de France avec Monaco et auréolé d'une demi-saison de très haut vol. Coup sur coup, en mai, les Mbappé rencontrent au Royal Monceau, un palace parisien situé avenue Hoche dans le VIIIe arrondissement et propriété du Qatar, Nasser Al-Khelaïfi et Unai Emery. Olivier Létang est présent chaque fois et joue les Monsieur-bons-offices. À la fin du mois, il facilitera même un contact direct entre le boss qatarien et le père de la star.

Élément déterminant de la superbe saison de l'ASM, Kylian a l'embarras du choix pour son avenir. Si ses proches rencontrent les décideurs parisiens, ils discutent aussi avec Pep Guardiola, le manager de Manchester City, Arsène Wenger celui d'Arsenal ou Jurgen Klopp de Liverpool. Zinedine Zidane, le coach du Real Madrid récent vainqueur de la Ligue des champions pour la deuxième année consécutive, l'appelle pour lui dire tout le bien qu'il pense de lui et lui glisser qu'il aimerait bien le recruter. Mais Zizou commet une faute. Ou, du moins, un excès de franchise va le desservir. L'idole du foot français confie, en substance, au Monégasque qu'il ne peut pas lui garantir une place de titulaire compte tenu de la présence dans l'effectif madrilène de la fameuse BBC, Gareth Bale, Karim Benzema et surtout Cristiano Ronaldo. Comme Mbappé veut jouer à tout prix, les propos de Zidane le freinent quelque peu, même s'il s'agit du Real, le club de son enfance où il avait été invité pour un stage en décembre 2012, au cours duquel il avait pu rencontrer Zidane et Cristiano Ronaldo, son modèle. Un autre facteur ne va pas non plus jouer pour le Real Madrid. La rencontre avec Florentino Pérez, le président de la Maison Blanche, ne se passe pas parfaitement. Pérez, qui a l'habitude de recruter des stars expérimentées, fait comprendre à Mbappé qu'il s'est déplacé exprès pour le voir alors même qu'il n'a que 18 ans. Sous-entendu : te rends-tu compte, petit, du privilège que je t'accorde ? On ne sait pas si Kylian s'est rendu compte de cette condescendance ou s'il a vu les choses de cette manière mais il est clair pour lui que le Real ne sera pas sa prochaine destination. De toute façon, il ne veut pas y signer trop tôt ni s'exiler tout de suite à l'étranger. Il a des objectifs à moyen terme bien définis, tel que celui de participer à la coupe du monde en Russie qui aura lieu quelques mois plus tard. Comme depuis son plus jeune âge, sa carrière est pensée, et bien pensée.

Ces erreurs, le PSG ne va pas les commettre. Lors du rendez-vous avec Emery et Létang, en mai 2017, l'attaquant entend de la bouche de l'entraîneur parisien qu'il jouera s'il signe à Paris. Emery lui fera une place dans sa ligne d'attaque, même s'il y a déjà du beau monde : Cavani, Di Maria et potentiellement Neymar, avec lequel les discussions avancent. Létang a briefé l'ex-coach de Séville. Il a gardé en mémoire les doutes exprimés par la famille Mbappé en 2015 sur le faible temps de jeu qu'aurait accordé Laurent Blanc au jeune prodige. Encore nappés de l'euphorie du titre de champion de France et ses réjouissances, les Mbappé privilégient une prolongation de contrat en Principauté. Des négociations en ce sens ont commencé. Interrogé par RMC en fin de saison 2016-2017, Vadim Vasilyev le confirme et avance qu'il veut conserver à tout prix son crack. L'ASM étant en capacité selon lui de refuser des offres XXL. « Une proposition de 130 millions d'euros ? Aujourd'hui, nous sommes capables de refuser ce genre d'offres parce que nous ne sommes pas dans le même projet ou la même situation financière qu'en 2014. Nous avons encaissé suffisamment de recettes grâce au parcours en Ligue des champions, déclare le dirigeant russe, remercié en début d'année 2019 à la suite d'une série de mauvais résultats et de décisions jugées inopportunes par son patron Dimitri Rybolovlev, le propriétaire de l'AS Monaco. Aujourd'hui, ça se passe très bien. On fera le point avec sa famille tranquillement, mais l'idée est qu'il reste. On travaille pour ça, notre objectif est qu'il reste avec nous. » À un an de la coupe du monde en Russie, un objectif affiché par Kylian, la poursuite de l'aventure sur le Rocher apparaît comme la solution idéale et la plus rationnelle. Le dossier Mbappé mobilise toute la Principauté, jusqu'au premier des Monégasques, le prince Albert II. Quelques semaines plus tard, dans *L'Équipe* du 12 juillet, Son Altesse déclare : « Il y a des discussions en cours qui me font dire qu'il sera encore à Monaco la saison prochaine. Les discussions concernent son augmentation de salaire. Mais je pense qu'il a bien compris, et son père avec lui, que ce n'est pas encore dans son intérêt d'aller dans un grand club où il n'est pas sûr d'être titulaire. »

Malgré la volonté initiale des Mbappé de rester en Principauté, le PSG continue d'entretenir le lien. Sans Létang, désormais parti, mais par l'intermédiaire d'Al-Khelaïfi et Westerloppe, toujours à Paris, qui demeure un point d'ancrage et de confiance pour les parents de Kylian. Un autre personnage va faire son entrée en scène à la fin du printemps pour le PSG : Antero Henrique, le nouveau directeur sportif dont la nomination est officialisée le 2 juin 2017, mais qui travaille sur les différents dossiers mercato du club depuis plusieurs semaines, notamment celui de Neymar. Le soir même, le Portugais dîne avec Wilfrid dans un restaurant de

Bondy tenu par un ami de la famille et privatisé pour l'occasion, relate *Le Parisien-Aujourd'hui en France* dans son édition du 25 novembre 2017. Marc Westerloppe, toujours lui, a rendu possible ce premier aparté. C'est la véritable entrée en piste d'Henrique dans le dossier. Si des bases solides ont déjà été posées par Létang, Westerloppe et Al-Khelaïfi, Henrique va devoir terminer le travail. Il s'entend dire ce 2 juin, jour du match France-Paraguay (5-0) disputé à Lorient, que Kylian souhaite rester à Monaco.

Après le dernier match amical des Bleus de cette fin de saison 2016-2017, le 13 juin, contre l'Angleterre (3-2) , c'est l'heure des vacances pour le jeune international. Avant de quitter le Stade de France, où il a enchanté les médias anglais notamment, il glisse sur son avenir : « On va partir en famille et réfléchir à ce qu'il va se passer. Il faut faire le tri et voir avec mon club aussi, bien sûr. Je suis sous contrat. » En Espagne ou sur les îles grecques, le contact est maintenu avec le PSG via Westerloppe mais aussi Luis Ferrer. Recruté en 2009 par Alain Roche, alors responsable de la cellule de recrutement du club, Ferrer est désormais l'homme à tout faire d'Henrique et il passera beaucoup de temps avec les Mbappé pendant cet été 2017, notamment dans leur maison du Cap-d'Ail, l'ancienne demeure de… Benjamin Mendy, parti à Manchester City. Parmi les arguments développés par Paris afin de séduire Kylian, cette fois, Nasser Al-Khelaïfi confie que le PSG cherche à recruter deux autres grands joueurs : Dani Alves et surtout Neymar.

Le 7 juillet, un nouveau rendez-vous a lieu à Bondy, cette fois au domicile des Mbappé. Côté parisien sont présents Antero Henrique, Unai Emery, Luis Ferrer et Marc Westerloppe. Comme il l'avait déjà fait au Royal Monceau, quelques semaines auparavant avec Olivier Létang, l'entraîneur espagnol répète qu'il sera titulaire. Malgré les efforts consentis et les promesses, comme la signature de Dani Alves le 12 juillet, Mbappé souhaite rester en Principauté. Il reprend même l'entraînement le 10, avec la folle envie de tout casser avant d'enchaîner par la coupe du monde. Mais très vite tout bascule. Le transfert de Kylian se joue au cœur du mois de juillet dans les montagnes suisses où l'AS Monaco est en stage d'avant-saison. Le 16 juillet, le champion de France affronte le PSV Eindhoven à 17 heures au stade Saint-Marc de Bagnes. Peu avant le déjeuner, l'entraîneur portugais vient voir Kylian pour lui parler. À cet instant, l'international est à mille lieues d'imaginer ce qu'il va entendre. Il s'attend à quelques mots sur le match et sa première apparition depuis son retour de vacances. Mais Jardim lui dit en substance « qu'il y a un club pour lui et qu'il doit y aller. » Ce club c'est le Real Madrid qui a négocié avec Vadim Vasilyev et propose 180 millions d'euros. Kylian Mbappé est choqué. Il apprend que malgré sa volonté de rester à Monaco, ses dirigeants ont discuté de son avenir dans son dos. Surtout, il s'interroge sur l'attitude de Jardim. Comment un coach, dont on peut supposer que l'ambition et l'objectif sont d'avoir à sa disposition les meilleurs joueurs afin d'obtenir les meilleurs résultats, peut-il inciter l'un d'eux à partir ? Sauf, peut-être, s'il y trouve un intérêt personnel… Ce jour-là marque donc un point de rupture très clair dans la tête de Mbappé qui prend la décision de quitter l'ASM à l'été 2017. Comme ce n'est pas pour rejoindre Madrid, malgré une cour assidue du club espagnol jusque dans les dernières heures du mercato estival, il ne reste plus que Paris, « le projet qui me permettait de progresser tout en jouant, ce qui était mon principal critère », justifiera Kylian Mbappé, quelques heures après son arrivée officielle au PSG, dans la nuit du 31 août au 1er septembre.

La direction parisienne est alors prévenue que la donne a changé et que l'opération Mbappé, déjà entamée, peut entrer dans une phase plus active et décisive, même si tout se jouera réellement dans les quinze derniers jours d'août, une fois que Vasilyev se résignera à céder son joueur à un concurrent, ce dont il ne voulait absolument pas entendre parler au départ. Parallèlement, à partir de là, les relations avec Jardim se dégradent encore davantage. Lors du Trophée des champions perdu (2-1) contre le Paris Saint-Germain à Tanger, au Maroc, le 29 juillet, le coach portugais le tance et lui fait porter, ça y ressemble en tout cas, une partie de la défaite. Le 4 août pour le premier match de championnat de la saison, Monaco bat Toulouse (3-2), Kylian disputant 75 minutes de jeu. Ses dernières pour l'ASM. À partir de là, Mbappé est laissé sur le banc régulièrement. « Kylian aime le foot, si tu lui enlèves ça tu lui enlèves la vie. Cette période a été très dure, car il n'était pas acteur. Il ne jouait pas au foot et il en était malheureux », confia son oncle Pierre dans un reportage télé. À l'issue du match contre Dijon (4-1 pour l'ASM), comptant pour la deuxième journée, Leonardo Jardim justifie l'absence de son prodige sans détour : « Ne pas le faire débuter, c'est la décision du club. Quand je parle du club, c'est tout le club, ceux qui décident. » Donc Vasilyev et Rybolovlev, les deux patrons russes.

Luis Ferrer est alors envoyé auprès de la famille avec laquelle, on l'a dit, il ne ménage pas ses efforts. Il entretient le relationnel et son côté bonhomme facilite les choses. Al-Khelaïfi, Henrique mais aussi Westerloppe n'hésitent pas non plus à prendre des nouvelles régulièrement.

Au PSG, maintenant que Neymar a rejoint le club contre un chèque de 222 millions d'euros au FC Barcelone et a été présenté en grande pompe début août, un vent de panique envahit les hautes sphères, notamment celles qui tiennent les finances. Paris n'est pas en capacité de recruter le même été Neymar et Mbappé, pour un total qui dépasserait les 400 millions d'euros. Ce n'est pas que Paris n'a pas l'argent, mais il ne peut pas l'utiliser comme il l'entend, contraint qu'il est par le fair-play financier de l'UEFA, la Fédération européenne de football. Alors que les discussions se poursuivent avec les Mbappé et l'AS Monaco, Jean-Claude Blanc, le directeur général délégué, ainsi que d'autres dirigeants, ne cessent de répéter que Mbappé ne peut pas venir. « Financièrement ce n'est pas possible, entend-on. C'est de la folie. » L'été précédent, le PSG n'avait déjà pas été très loin de recruter Neymar. Des rendez-vous avaient eu lieu au Brésil mais aussi à Ibiza où la star était en vacances. La clause de sortie du Brésilien était moindre à l'époque, « seulement » 192 millions d'euros et les négociations pour son salaire tournaient autour de 25 M€ nets annuels, contre 30 un an plus tard. Mais déjà, pour rester dans les clous du gendarme financier du foot européen, Paris était sur un fil. En interne, on passait le message suivant : « Si on fait Neymar, on ne peut plus prolonger ou recruter le moindre joueur. »

Alors un an après, Neymar et Mbappé, cela semble être un doux rêve. Qui va pourtant se réaliser, quitte à mettre le club en grand danger financièrement comme les semaines d'après l'ont montré. L'UEFA diligente une enquête dès le 1er septembre, au lendemain de la clôture du marché des transferts estival et de la signature de Mbappé dans la capitale, pour s'assurer que le PSG est resté en conformité avec les règlements à l'occasion de ces deux opérations de transfert historiques. « Un ordre est venu d'en haut et on l'a fait », souffle-t-on au PSG pour justifier l'acquisition de Mbappé après celle de la star brésilienne alors que, plus d'un an après, en 2018-2019, la menace de sanctions du fair-play financier plane toujours. En haut, au PSG, cela veut dire depuis Doha, et on peut imaginer de qui est venu l'ordre : de l'émir Tamim ben Hamad Al-Thani, également propriétaire du club. Le PSG n'a pas voulu laisser passer une opportunité aussi exceptionnelle de recruter le même été les deux meilleurs joueurs de demain, des Ballon d'Or en puissance, derrière Messi et Cristiano Ronaldo, déjà trentenaires.

Reste à conclure le deal avec Monaco et à régler les derniers détails du contrat avec le joueur. Kylian signe pour cinq ans. Les pourparlers avec l'ASM sont plus difficiles. L'équipe de la Principauté est prise entre plusieurs feux. À la fois, elle veut vendre sa pépite qui ne veut plus rester après l'épisode de la mi-juillet mais le transfert ne doit pas se faire avec un club français, afin de ne pas renforcer la concurrence. Sauf que Mbappé ne veut aller qu'au Paris Saint-Germain. Dans les derniers jours d'août 2017, Nasser Al-Khelaïfi se déplace plusieurs fois en Principauté, dont une, le 24 août, lors du tirage au sort de la phase de groupes de la Ligue des champions. Le Qatarien rencontre de nouveau Kylian et ses parents, mais aussi Vadim Vasyliev pour trouver un accord entre les deux parties. Il prend forme le dimanche 27 août. Le principe d'un prêt d'un an avec option d'achat obligatoire à 145 millions d'euros plus 35 millions de bonus quasiment acquis est retenu. La clause permettant au PSG d'obtenir définitivement le joueur est corollaire à son maintien en Ligue 1, autant dire une formalité. Le paiement de l'indemnité de transfert est prévu en deux temps : la plus grosse partie en 2018-2019, le reste la saison suivante.

Le 28 août, quand il rejoint les Bleus à Clairefontaine, Kylian Mbappé est toujours un joueur de l'ASM, mais pour trois jours seulement. Après d'intenses et ultimes tractations, le contrat est enfin ficelé le 31 août au petit matin dans les bureaux du PSG, qui n'a pas, cette fois, laissé échapper le Francilien. L'officialisation intervient le même jour à 18 h 30, à quelques heures de la clôture du mercato et du coup d'envoi du match de l'équipe de France contre les Pays-Bas comptant pour les éliminatoires de la coupe du monde en Russie, via un message sur le site de son nouveau club : « Le Paris Saint-Germain est heureux d'annoncer la signature de Kylian Mbappé ! Bienvenue, Kylian. » Les Bleus s'imposent (4-0) et, comme un symbole ou un nouveau signe pour l'Histoire et les annales, le jour de son transfert au PSG, Kylian Mbappé remplace Olivier Giroud à la 75e minute et inscrit, dans les arrêts de jeu, le dernier but français de la partie, son premier en sélection.

« C'est une grande journée, une belle signature, une belle victoire, un but. Une journée de rêve ? Oui, on s'en approche. Après je ne sais pas ce qu'est typiquement une journée de rêve, mais c'est une très belle journée », déclare, après la rencontre devant l'ensemble des médias, le néo-Parisien. Six jours plus tard, la nouvelle recrue, la deuxième la plus chère de l'histoire du football à ce jour, est présentée en grande pompe au Parc des Princes. L'auditorium de la Porte de Saint-Cloud a fait le plein. Nasser Al-Khelaïfi ne peut masquer sa satisfaction d'avoir enrôlé, certes de haute lutte, le futur crack du football mondial, qui portera le numéro 29 dans un premier temps en hommage à son petit frère Ethan, né un 29 décembre. « Je suis très heureux d'être avec vous, c'est une grande journée pour nous. Nous sommes très heureux de vous présenter Kylian

Mbappé. C'est un magnifique moment pour le club, la Ligue 1 et pour tous les clubs français. Il a seulement 18 ans, mais le monde entier le connaît déjà. Il était impossible pour moi qu'il ne reste pas en France car Kylian a déjà un grand talent et il est un grand espoir de l'équipe de France, déclare le patron qatarien, avant de poursuivre avec derrière lui deux photos du jeune Mbappé au Parc des Princes. Les gens ne savent pas pourquoi Kylian a choisi Paris, peut-être le comprendront-il en regardant ces photos. Paris est sa ville et le PSG est son club de cœur. Kylian, bienvenue chez toi, bienvenue à Paris, au PSG et au Parc. »

6

Un contrat XXL

Recruter Kylian Mbappé a un prix : 180 millions d'euros payés par le Paris Saint-Germain à l'AS Monaco en tant qu'indemnité de transfert. Mais le club a aussi dû offrir à l'attaquant un contrat XXL d'une durée de cinq ans, un an sous forme de prêt avec option d'achat, puis quatre années, soit jusqu'en juin 2022. Ce bail fait de lui le joueur le mieux payé de l'effectif galactique de Paris derrière l'intouchable Neymar et ses 30 millions d'euros nets annuels – à la Juventus Turin, Cristiano Ronaldo encaisse lui aussi cette somme. Chose rare, le néo-Parisien n'a pas eu recours à un agent ou à un avocat pour s'entendre avec le PSG. Ce sont ses parents, et plus particulièrement son père Wilfrid, qui ont finalisé le deuxième transfert le plus cher de l'histoire du football.

À 18 ans, Mbappé est traité à la hauteur des promesses qu'on place en lui pour les années à venir. Comme Olivier Létang le confiait : « Après Lionel Messi et Cristiano Ronaldo, le futur c'est Mbappé, plus que Neymar selon moi. » Ce futur a donc une valeur. Une très grosse valeur. Ni l'Argentin ni le

Portugais ni Neymar, alors qu'ils évoluaient respectivement au FC Barcelone, à Manchester United et au Santos FC, au Brésil, ne peuvent se targuer d'avoir si jeunes bénéficié d'une telle rémunération. Elle le positionne déjà dans le gotha des footballeurs les mieux rétribués, alors qu'il possède encore, potentiellement du moins, une quinzaine d'années de carrière.

Par rapport à ses compatriotes, et en ne tenant compte que des seuls revenus sportifs versés par les clubs en 2018-2019, Mbappé tient le haut du pavé. Le Parisien émarge à un peu plus de 20,70 M€ bruts – prime d'éthique incluse. À Manchester United, Paul Pogba touche environ 17 M€ bruts. À Chelsea, Ngolo Kanté, qui a allongé son bail londonien après la coupe du monde jusqu'en 2023, évolue sensiblement dans les mêmes eaux, avec lui aussi 17 M€ bruts, selon les médias britanniques. Karim Benzema, sous contrat au Real Madrid jusqu'en 2021, perçoit environ 10 M€ nets selon des sources espagnoles, soit 20 M€ bruts, comme Mbappé. Seul Antoine Griezmann le devance, et nettement, puisqu'en prolongeant à l'Atlético Madrid à l'été 2018, juste avant la coupe du monde alors que le FC Barcelone le draguait depuis de longs mois, le buteur français a réussi un très joli coup financier. Il touche désormais près de 20 M€ nets au sein du second grand club de la capitale espagnole, ce qui place « Grizou » dans le top 5 des footballeurs les mieux payés au monde.

Différence et non des moindres, tous ces footballeurs français sont bien plus âgés que le Parisien…

Parmi les meilleurs footballeurs étrangers de sa génération, Mbappé fait office de leader. Il est largement mieux loti que Leroy Sané de Manchester City, Marcus Rashford de Manchester United et Paolo Dybala de la Juventus Turin. Dans le football, surtout quand on est un super joueur, les rémunérations progressent au fil des années et peuvent connaître des bonds assez significatifs lors d'un changement de club. Autant dire que le Bondynois, s'il maintient son niveau de performances et ne connaît pas de pépins susceptibles de le freiner, devrait amasser une fortune à Paris ou ailleurs, s'il s'en va un jour.

Les chiffres de son contrat parisien, que l'auteur a pu consulter, donnent le vertige. En passant de Monaco à Paris au cours de l'été 2017, le gamin a multiplié sa rémunération par un peu plus de treize… En 2017-2018, l'année de son prêt par l'AS Monaco, il percevait un salaire brut mensuel de base de 1 319 719 euros, auquel s'ajoutaient bien évidemment diverses primes – dont celles de présence dans l'effectif, de résultat, de qualification, de classement en fin de compétition et d'éthique, que nous détaillerons. En 2018-2019, une fois l'option d'achat levée par le PSG, Kylian Mbappé est passé à 1 468 122 euros bruts mensuels hors primes, soit 661 111 euros net. En 2019-2020, une nouvelle augmentation est prévue, portant son salaire brut mensuel à 1 625 836 euros. Puis à 1 783 550 euros la saison suivante, pour enfin toucher lors de sa dernière année de bail 1 888 693 euros bruts – étant entendu que les dispositions du premier contrat pourront toujours être modifiées en cas de prolongation.

Comme c'est désormais la règle dans les clubs professionnels, les émoluments sont bonifiés par l'ajout d'une prime d'éthique, elle aussi versée à la fin de chaque mois. Tous les joueurs du Paris Saint-Germain disposent d'une prime d'éthique dans leur contrat, en général elle représente environ 15 % du salaire, aussi bien pour les néoprofessionnels n'émargeant qu'à quelques milliers d'euros par mois que pour les stars du vestiaire, que sont Mbappé, Edinson Cavani, Thiago Silva, Angel Di Maria et bien sûr Neymar, le mieux loti. Onze règles, au spectre très large, régissent cette prime d'éthique. En voici la liste exhaustive telle que figurant dans les contrats des Parisiens : « L'absence de tout commentaire public négatif sur le Club, ceux qui y travaillent et ceux qui le soutiennent », « l'absence de tout commentaire public négatif sur les choix tactiques du Club », « l'absence de toute propagande publique politique ou religieuse qui pourrait nuire à l'image du Club », « la courtoisie, l'amabilité et la disponibilité avec les supporters, ce qui inclut notamment le devoir de saluer et remercier les supporters avant et après chaque rencontre », « l'exemplarité de son comportement, notamment sur le terrain pendant les compétitions, envers ses partenaires, ses adversaires, arbitres et délégués officiels et en dehors du terrain pendant son temps de travail avec toute personne », « le respect du calendrier international coordonné par la FIFA pour les périodes de mise à disposition auprès des associations nationales et, pour la durée de ces périodes, respect des durées indiquées dans le Règlement du statut et du transfert des joueurs de la FIFA en vigueur au moment de la mise à disposition concernée», «l'absence de participation, sous quelque forme que ce soit, à des paris, à des jeux de pronostics et jeux d'argent liés directement ou indirectement aux compétitions concernant les disciplines football et handball», «la ponctualité et l'assiduité à tous les entraînements organisés par le Club et compétitions auxquelles participe le Club, et activités organisées par ou sous le contrôle du Club», «l'absence de mise en ligne à destination du public sur tout support que ce soit (réseaux sociaux, site internet personnel, etc.) de toutes images et/ou vidéos prises par le Joueur au cours de ses activités découlant du Contrat en relation avec son activité professionnelle pour le Club», «le respect des obligations découlant du contrat conclu entre le Paris Saint-Germain et son équipementier officiel, Nike» et «le respect des règles fiscales qui lui sont applicables».

Si un joueur ne respecte pas l'un de ces points, il peut perdre tout ou partie de sa prime d'éthique correspondant au mois où il n'a pas affiché un comportement irréprochable. À titre d'exemple, Kylian Mbappé a été sanctionné pour son retard de quelques minutes à la causerie d'avant-OM-PSG (0-2), le 28 octobre 2018. Il s'est ainsi vu retirer près de 180 000 euros par son employeur – somme reversée par la suite à la Fondation PSG.

Dans le cas de l'ancien Monégasque, cette prime d'éthique a d'abord été fixée à 232 891 euros bruts mensuels en 2017-2018, 259 080 euros en 2018-2019, pour atteindre 333 299 euros bruts lors de sa dernière année dans la capitale. Un ajout qui peut gonfler assez significativement sa rémunération mensuelle totale. Pour l'exercice 2018-2019, cela lui permet d'empocher un supplément d'un peu plus de 1,4 million net, passant ainsi son salaire annuel net de 7,93 à 9,33 M€. Salaire qui grimpera à 12 M€ nets pour la saison 2021-2022, sous réserve toujours d'une possible revalorisation de cet accord d'ici là et de sa présence dans l'effectif.

La star parisienne et ses parents ont également négocié une prime à la signature en rejoignant le PSG. Elle s'élevait à un peu plus de 11 millions d'euros bruts et a été versée en deux montant égaux de 5,56 M€ bruts, l'équivalent de 2,50 M€ nets. La première partie a été réglée à l'homologation dudit contrat, le solde le 31 juillet 2018. Le champion du monde jouit également d'une prime « Ballon d'Or ». Cette récompense individuelle, la plus prestigieuse qui soit, est très convoitée par les joueurs. Elle leur assure, outre la satisfaction d'avoir été élu, pour une année, meilleur footballeur de la planète, de nouvelles sources de revenus, notamment de la part de partenaires individuels. Quatrième du classement 2018, Mbappé sera, selon toute logique, à la lutte pour ce titre dans les années à venir s'il continue à performer de la sorte. En cas d'obtention, il empochera 1 113 276 euros bruts, soit 500 000 euros nets de son club. Pour son employeur, cela constituerait également un très bon coup de publicité. Posséder dans ses rangs un Ballon d'Or représente un élément ô combien important pour l'image, mais aussi pour le business et les négociations avec les partenaires commerciaux. D'ailleurs, dans des contrats liant le PSG à certains de ses sponsors figure un bonus Ballon d'Or. D'autant que les Français ne sont pas si souvent à l'honneur. Le dernier lauréat tricolore s'appelle Zinedine Zidane, et cela remonte à 1998… l'année de naissance de Kylian. S'il lui succède, cela lui donnera une place de choix dans le panthéon tricolore, aux côtés de Zizou, donc, Jean-Pierre Papin, Michel Platini (trois fois honoré de 1983 à 1985) et Raymond Kopa.

L'international bénéficie en outre de quelques autres avantages. Le PSG a pris à son compte dans une limite de 5 000 euros hors taxe les frais de son déménagement entre le sud de la France et la capitale, son hébergement, pour une durée limitée à trente nuits, dans un grand hôtel parisien. Les Mbappé ont ainsi logé plus de quatre semaines au Royal Monceau, où ils avaient rencontré Nasser Al-Khelaïfi, Unai Emery et Olivier Létang dans le courant du printemps 2017. Chaque mois, une prime additionnelle de 30 000 euros lui est aussi versée, que Mbappé utilise comme bon lui semble, pour payer son loyer, pour faire appel aux services d'un chauffeur, lui qui n'avait pas encore le permis début 2019, ou d'un majordome. Enfin, à chaque match au Parc des Princes, cinq places VIP sont offertes à la famille Mbappé, qui dispose aussi d'une loge à ses frais au stade de la Porte de Saint-Cloud. Les trois derniers avantages sont considérés comme « des avantages en argent et en nature et sont exclus du mécanisme de calcul de la rémunération nette» peut-on lire dans l'accord entre les deux parties. Dernier élément ayant son importance, le club s'engage, en cas de blessure ou de maladie supérieures à trois mois, à maintenir la rémunération de Kylian comme défini dans le contrat dès le premier jour d'arrêt de travail et ce jusqu'à la date de constatation de l'inaptitude définitive du joueur par un médecin du travail, pouvant entraîner la rupture anticipée du contrat.

Sur d'autres aspects plus techniques, précisés dans les différents avenants du contrat, le PSG s'engage à payer pour son joueur en cas de redressement fiscal si ce dernier a été mal conseillé dans ses placements, par exemple par son employeur, et à en supporter les conséquences afin que la rémunération nette de Kylian n'en soit pas altérée. Le club, toujours pour garantir le salaire net de son joueur, remettra la main à la poche si Mbappé devait être assujetti à des impôts supplémentaires. En contrepartie, le joueur doit communiquer chaque année à la direction du club l'extrait de l'avis d'imposition se rapportant à l'imposition de ses revenus perçus. Il s'engage également à participer aux actions publicitaires, commerciales ou promotionnelles organisées au profit du club avec ses partenaires, sponsors, de répondre « sans condition » à toutes demandes des médias officiels du club et il doit être présent aux actions de la Fondation PSG. Ainsi, chaque année, les joueurs du PSG rendent visite à des enfants hospitalisés, généralement ceux de l'hôpital Necker, avec lequel la Fondation est liée depuis longtemps. À d'autres occasions, certains malades ou handicapés sont conviés à assister à un entraînement à Saint-Germain-en-Laye au camp des Loges et peuvent rencontrer Thiago Silva et ses partenaires. Est aussi dressée dans le contrat la liste des activités interdites et des sports risqués à bannir (ski – que Kylian apprécie pourtant beaucoup –, cheval, avion de tourisme ou pêche sous-marine), sauf autorisation de la direction du club.

Le caractère extraordinaire ou exceptionnel de ce contrat, notamment sur tous les aspects fiscaux, résulte du niveau de rémunération hors norme atteint pour un si jeune footballeur. Kylian Mbappé est une exception, le PSG paye cette rareté et aucun autre jeune joueur de la planète football ne peut se targuer d'un tel salaire. Mais, pour s'attacher les services de Kylian Mbappé, est-ce finalement si cher que cela ?

Les partenaires du club profitent aussi de sa présence. Ils n'hésitent pas à utiliser l'image du jeune attaquant dans le cadre de spots publicitaires ou de campagnes d'affichage. C'est ainsi qu'en 2018 et 2019, Unibet, la société de paris en ligne, a placardé dans les abribus ou sur les colonnes Morris des photos de Kylian, seul ou avec certains de ses coéquipiers tels que Presnel Kimpembe, Neymar ou Marquinhos. Renault, le sponsor automobile du club, a fait tourner le buteur dans un spot diffusé à la télévision, où l'on voit aussi Neymar, Gianluigi Buffon, Marco Verratti et Thomas Meunier, ainsi que Raï, l'ancienne idole du Parc des Princes, vanter les mérites de son modèle Megane sur l'air revisité de *Paris s'éveille* de Jacques Dutronc.

Parallèlement, la star a commencé, mais de manière encore prudente, à travailler sur la diversification du business lié à sa « personne ». Il a ainsi lancé sa propre marque de casquettes sous le sigle KM depuis le premier semestre 2018. Elles sont commercialisées 35 euros l'unité, via un site internet auquel on accède depuis celui du footballeur, kylianmbappe.com, lancé en mai de la même année. En attendant peut-être un jour d'avoir sa propre ligne de vêtements avec le concours de son équipementier Nike, comme le basketteur Michael Jordan ou le footballeur Cristiano Ronaldo. Avec la marque à la virgule, la relation date d'il y a plus de dix ans. Elle accompagne Kylian depuis qu'il a 8 ans. La relation a débuté de manière « amicale », quand Jirès Kembo, le demi-frère de l'enfant de Bondy, était sous contrat avec Nike. Puis, rapidement, elle s'est intensifiée deux ans après quand l'équipementier a fourni des chaussures à la jeune pépite. Un peu plus de trois ans plus tard, alors qu'il effectuait sa formation à l'INF Clairefontaine, l'adolescent signait son premier contrat avec la marque américaine qui de ce fait équipe en matériel toutes les équipes de l'AS Bondy. Au cours de l'été 2017, alors que quotidiennement son nom fait l'actualité des transferts, Kylian et Nike vont monter une petite opération marketing, sur le mode « Attention : révélation ! ». Nous sommes le 14 juillet et, dans la soirée, Kylian Mbappé prend la parole via une vidéo sur son compte Twitter. Le

Monégasque joue bien la comédie et semble parti pour annoncer son prochain club : « Comme vous le savez ces derniers temps, mon nom a été associé à différentes choses, différentes rumeurs. Je pense qu'il était important pour moi de vous tenir au courant et vous donner cette information [...] ». Après un temps d'arrêt, il reprend : « Dorénavant, je jouerai avec... des Mercurial Vapor », conclut-il en éclatant de rire après avoir montré sa nouvelle paire de crampons. Cette sortie second degré lui vaudra quelques critiques.

Aujourd'hui, pour s'attacher son image, Nike lui verse entre 2 et 3 millions par an selon diverses sources. On est encore loin de ce que perçoit Ronaldo (plus de 20 M€ par an) mais ce montant constitue également un message d'avenir. Celui de Kylian s'annonce doré.

7

Avec Neymar, l'entente cordiale

Deux stars dans le même club, avec des objectifs individuels similaires – conquérir le Ballon d'Or France Football notamment –, n'y en a-t-il pas une de trop ? Cette question, le Paris Saint-Germain se l'est peut-être posée un jour. Peut-être pas. Si oui, la direction du club n'a alors pas jugé que cette abondance de biens constituerait un souci et serait génératrice de problèmes. Au cours de l'été 2017, le club a réalisé l'impensable : recruter Neymar au FC Barcelone et Kylian Mbappé à Monaco pour 402 millions d'euros (222 + 180 M€) au nez et à la barbe des deux mastodontes espagnols – le Real Madrid voulant attirer à lui le Monégasque. Cette cohabitation et les attentes nouvelles placées en lui ne posent pas de soucis à Kylian Mbappé. « J'ai voulu cela, être en haut de l'affiche. Ce n'est pas facile tous les jours. C'est un nouvel environnement, un vestiaire de stars, un club ultra-médiatisé mais il faut assumer car j'ai choisi cette vie », confiait-il à *Paris Match* avant la coupe du monde 2018.

Paris s'est donc attaché, en quelques semaines, les services du Brésilien, footballeur rock star, et de la pépite française, annoncée comme le plus grand espoir de la planète football. Un coup de maître malgré les craintes, au sein même du PSG, nées de cette dépense somptuaire et des risques inhérents de sanctions de la part du gendarme financier de l'UEFA. Si Neymar a débarqué début août 2017, Kylian n'a été officiellement Parisien que le 31 août de cette même année, au dernier jour du marché estival des transferts, la faute à des négociations rendues complexes par la nécessité de trouver un schéma inventif pour dribbler le fair-play financier et la présence en embuscade du Real Madrid. En attendant d'être réunis sous le même maillot, les deux futurs partenaires ont commencé à échanger. Neymar envoyant des messages au jeune Français pour l'inciter à le rejoindre à Paris. Lors des négociations avec lui, la direction parisienne, Nasser Al-Khelaïfi en tête, a confié à Mbappé et sa famille son intention de faire venir le Brésilien. Un gage de séduction et de confiance à l'heure même où personne n'avait encore entendu de nouveau parler de cette opération ultra-sensible.

Les deux joueurs, alors les plus chers de l'histoire du football, font leurs grands débuts communs le 8 septembre 2017 au stade Saint-Symphorien face au FC Metz, dernier au classement. Pour ce premier match post trêve internationale, Unai Emery aligne son trio offensif de choc Mbappé, Cavani, Neymar. Les trois attaquants n'ont pas encore trop eu l'occasion de parfaire leurs automatismes. Pourtant, sur le terrain, ils vont frapper fort, inscrivant chacun au moins un but (Cavani en marquera même deux), le premier pour Mbappé sous son nouveau maillot pour son premier match. Surtout, l'entente Neymar-Mbappé saute déjà aux yeux. Les deux attaquants combinent ensemble à plusieurs reprises, plus de trente fois, avec facilité et déjà un certain succès. Celui que ses nouveaux partenaires surnomment Donatello, l'une des *Tortues Ninja*, a réussi ses débuts.

Il en réussit d'autres dans un domaine plus politique. À peine parisien, Mbappé, avec son sens inné de la communication, fait allégeance à Neymar en glissant qu'il était « à Paris pour l'aider à atteindre ses objectifs ». Ce rapport hiérarchique a été apprécié par le Brésilien et son clan. Mais cette position de Mbappé peut-elle durer ou n'est-elle que temporaire ? S'il apprécie Neymar, son titre de champion du monde et son nouveau statut ne font-ils pas déjà de lui son égal, malgré ses six ans et demi de moins que le Brésilien ? Au quotidien, le Bondynois se compare parfois à l'ex-Barcelonnais. Il faut alors que ses parents, et notamment sa maman, le ramènent sur terre en lui rappelant qu'il n'a pas encore accompli ce que son partenaire a déjà fait. En début d'année 2019, avec les blessures conjuguées de plusieurs semaines de Neymar (manque de consolidation de sa fracture du cinquième métatarsien contractée un an auparavant) et d'Edinson Cavani, touché à la hanche droite, Mbappé s'est débrouillé « tout seul », comme un grand, et a enchaîné les buts : un à Manchester United (2-0) le 12 février en huitième de finale aller de la Ligue des champions, un autre à Saint-Étienne d'une superbe reprise de volée à la Pauleta pour la seule réalisation du match (1-0) le 17, encore un face à Montpellier (5-1) le 20, puis deux face à Nîmes (3-0) le 23 février et Caen (2-1) le 2 mars. Une cascade de buts lui permettant de consolider sa première place au classement des buteurs de Ligue 1 avec, au 17 mars 2019, vingt-six buts en vingt-trois rencontres de championnat disputées. Soit plus d'un but par match…

Malgré ces statistiques flatteuses, Kylian Mbappé affiche un certain déchet. Normal, il ne peut pas être parfait à 20 ans. Mais un constat demeure : il lui faut souvent plusieurs occasions avant de marquer. S'il impressionne par sa réussite et sa précocité, d'anciens joueurs jugent qu'il peut encore progresser dans le dernier geste. C'est le cas de Pedro Miguel Pauleta, ancien meilleur buteur du PSG avec cent neuf buts avant les arrivées de Zlatan Ibrahimovic et Edinson Cavani. Dans *L'Équipe* du 5 mars 2019, la veille du fiasco contre Manchester United (1-3) au Parc des Princes, le Portugais déclarait : « Il peut s'améliorer dans l'efficacité devant le but ainsi que dans son jeu de tête, notamment le timing. » Le lendemain, pour ce rendez-vous européen capital, toujours sans Neymar et avec un Cavani revenant à peine de blessure, Mbappé a raté son match, à l'image de l'équipe. Celui qui se rêve en homme providentiel, voire en sauveur de son club, disait quelques jours auparavant, après le succès à Caen, se sentir prêt à prendre plus de responsabilités : « Je suis arrivé comme un jeune joueur ici, avec deux stars. Je fais mon chemin. Je pense que je vais prendre de plus en plus de responsabilités, je suis prêt, il n'y a pas de problèmes. » Il le veut assurément mais il ne s'est pas encore drapé dans le costume du super-héros, comme Messi ou Ronaldo, capable de sortir leurs équipes respectives de l'ornière quand les choses se passent mal. Face à MU, Mbappé en a eu l'occasion, il ne l'a pas saisie. Mais ce n'est pas ça qui va remettre en cause son statut de star au PSG, dont il est déjà le deuxième salaire le plus élevé du vestiaire. Ce qui a fait dire à Pelé après la coupe du monde russe, alors qu'il était interrogé sur les deux Parisiens : « C'est devenu difficile de défendre Neymar pour toutes les choses qu'il fait autour du football [ses simulations, ses dispersions extra-sportives]. Et j'en ai parlé avec lui, je lui ai dit qu'il avait du football à revendre. Je lui ai expliqué cela : "Dieu t'a offert un don pour le football. Mais ce que tu as fait, ça complique tout." Neymar est un joueur plus complet que Mbappé, mais en Europe, tout le monde parle davantage de Mbappé. » Peut-être, mais Neymar apparaît davantage comme un chef d'orchestre, le dépositaire du jeu parisien, Mbappé plus comme un buteur, un attaquant pur. En cela il est pour le moment moins complet que le Brésilien.

Aujourd'hui les deux coéquipiers sont clairement en concurrence pour l'obtention du Ballon d'Or. Une récompense obtenue à partir des performances individuelles de chacun mais aussi des résultats collectifs avec leur club et leur sélection respectifs. Un autre signe, s'il en faut, que le rapport de force entre les deux a déjà évolué : Mbappé, récompensé du Trophée Raymond Kopa, c'est-à-dire le trophée de meilleur jeune de l'année, a terminé quatrième du dernier classement général du Ballon d'Or alors que son coéquipier parisien a seulement fini à la douzième place. « Je ne pense pas que le Ballon d'Or soit un sujet entre eux, surtout quand je les vois à l'entraînement, confessait Thomas Tuchel, en août 2018 avant leur premier match commun de la saison à Guingamp (1-3). De toute façon, ils sont conscients que gagner une récompense individuelle passe avant tout par l'engagement de toute l'équipe et par la capacité à bien s'entendre avec le reste de ses partenaires. » L'humiliante élimination face à Manchester United (1-3) à domicile a très vraisemblablement plombé leurs chances à tous deux pour l'édition 2019, étant entendu, en plus, qu'à la fin de l'été rien ne garantit à 100 % que Neymar soit encore parisien.

Quelques semaines après le titre mondial en Russie, Kylian Mbappé déclarait dans l'hebdomadaire *France Football*, au sujet de son entente avec son prestigieux partenaire : « Notre relation est basée sur le respect et l'admiration réciproques. Neymar m'a dit qu'il était content pour moi [pour la victoire en coupe du monde], et je le crois car c'est vraiment un bon mec, expliquait le champion du monde. Je suis convaincu que pas grand-chose ne va changer au niveau de notre collaboration et de notre cohabitation. Les choses sont claires entre nous. » À Neymar l'organisation du jeu et la première place sur la photo, à Mbappé la finition et l'étiquette de futur très grand amené à dépasser son partenaire. « Je ne sais pas s'il pourra atteindre un jour le niveau de popularité de Neymar, atténue un dirigeant parisien. Mbappé est très fort, très jeune mais il fait toujours un peu la même chose. Il a une forme de rigidité alors que Neymar c'est un gamin des rues devenu un artiste avec un jeu plus créatif. À titre personnel, je paierai plus ma place pour voir jouer Neymar que Mbappé. » Après, les goûts et les couleurs…

Au-delà de cette opinion, les faits donnent du sens à la position exposée par Mbappé dans *France Football*. Leur concurrence en termes d'attente personnelle ne se voit pas sur le terrain où les deux s'entendent très bien. Et possèdent une alchimie technique qui les incite à se chercher et à beaucoup jouer ensemble. « Ils parlent le même football », entend-on souvent. Le sens de la passe et du décalage de Neymar s'alliant parfaitement à la vitesse et aux appels en profondeur de Mbappé, qui a choisi pour sa deuxième saison parisienne le numéro 7, celui de Cristiano Ronaldo. Leur entente a même souvent été exposée pour souligner *a contrario* que leurs automatismes étaient moins visibles avec le dernier compère de l'attaque galactique du PSG : Edinson Cavani. Au 14 février 2019, toutes compétitions confondues, et en sachant que Neymar a manqué entre la saison 2017-2018 et la suivante, près de six mois, leur bilan commun souligne leur entente footballistique : Mbappé a adressé neuf passes décisives à Neymar qui en échange lui en a donné huit. Il ne s'agit que des dernières passes et cette statistique ne dit pas tout de leur proximité sur les pelouses, qui est bien plus prégnante. Le double réaménagement tactique voulu par Thomas Tuchel au début de la saison 2018-2019 impliquant ses deux attaquants stars a eu des répercussions positives sur le jeu parisien. Neymar s'est vu recentrer dans une position davantage de numéro 10 et Mbappé, contrairement à sa première année dans la capitale, où il était positionné sur un côté, a souvent évolué à un poste de deuxième attaquant axial aux côtés d'Edinson Cavani. Cela lui a permis de se retrouver plus près du but et donc de marquer davantage, notamment quelques buts de pur avant-centre comme à Caen, le 2 mars 2019, quand il est bien placé pour pousser le ballon dans la cage normande et offrir le succès aux siens (2-1). Ce repositionnement était ardemment souhaité par Mbappé. Tuchel, conscient de son potentiel et de son importance grandissante dans le vestiaire, lui a donné satisfaction. Jusqu'à la blessure de Neymar, le 23 janvier, cette double décision avait contribué à rendre le jeu parisien plus spectaculaire et attrayant.

Dans leurs relations quotidiennes, les deux Parisiens distillent aussi une complicité certaine. Pour le plus grand bonheur des médias, lors des rares fois où les séances d'entraînement du PSG sont ouvertes, on les voit souvent entrer ou s'échauffer ensemble sur les terrains du camp des Loges. Ils rigolent, ils blaguent, se cherchent, se touchent, s'aspergent d'eau devant les caméras de la web télé de leur club, arrivent à l'entraînement au Qatar dans une voiturette de golf. Cet esprit bon camarade et potache trouve parfois son prolongement les jours de match. Le 2 novembre 2018, pour la réception de Lille (2-1) au Parc des Princes, ils sont arrivés habillés de la même manière en arborant des masques de braqueurs de la série espagnole *La Casa de Papel*... Lors du 27e anniversaire de Neymar, au Pavillon Gabriel, le 4 février 2019, parrainé par l'un des sponsors du Brésilien, on a pu voir le Français chanter et se déhancher sur scène aux côtés de Dani Alves et du héros du jour. Avec décontraction et une certaine aisance, Kylian a fait le show sur des rythmes sud-américains, affichant de nouveau sa complicité avec le Ney. Quelques jours plus tard, c'est le Brésilien qui rendait hommage à son jeune partenaire. Filmé le soir de Manchester United-PSG (0-2), le 12 février 2019, depuis le salon de son domicile yvelinois par le média Otro, qui se glisse dans l'intimité des joueurs de foot professionnel, l'ex de Santos a bondi à chacun des buts de son équipe. Sur le second, celui de Mbappé, on l'a vu imiter la célébration désormais célèbre du Français, les bras croisés avec les mains sous les aisselles...

Dans cette relation, il ne faut pas non plus occulter ce qui pourrait ressembler à de la communication réfléchie et orchestrée. L'un et l'autre ont compris leur intérêt réciproque à s'afficher ensemble. Quel beau mariage entre le génie glamour brésilien et la nouvelle icône du foot français. Comme souvent la réalité se veut quelque peu différente. Au centre d'entraînement parisien, à Saint-Germain-en-Laye, une fois à l'abri des regards intrusifs, les deux joueurs continuent d'échanger et de discuter mais pas forcément plus qu'avec d'autres partenaires. Ils ne partagent pas régulièrement leur repas, par exemple. Et, s'ils prennent parfois leur petit-déjeuner au même moment – Mbappé mange souvent des omelettes au jambon accompagnées d'un bol de lait aux céréales -, ils ne s'assoient pas forcément côte à côte. Les joueurs aimant se réunir par petits groupes sur la grande table de la salle à manger du club, le champion du monde est davantage avec les autres français de l'effectif (Kimpembe, Areola, Nkunku, Kurzawa) et Neymar, lui, avec ses compatriotes. Quant au déjeuner, comme Neymar le prend rarement au centre Ooredoo, cela limite ses échanges avec le Français, qui apprécie d'y manger des pâtes à la carbonara, du poulet grillé et des yaourts à boire.

En privé, la colonie française s'agace même parfois de la prépondérance du contingent brésilien dans la vie de l'équipe. Composé de la star du club (Neymar), du capitaine (Thiago Silva), d'un titulaire indiscutable (Marquinhos) et d'un élément ultra-expérimenté très proche de Neymar (Dani Alves), il a tendance à imposer ses vues et à dicter un peu ses envies au reste de l'effectif. Et cela crée des divergences. Par exemple, au retour des vacances après le mondial russe, les Brésiliens se sont approprié la gestion de la musique dans le vestiaire, faisant fi de ce que les autres aimaient écouter avant. Une mainmise qui n'est pas du goût de tout le monde. À l'extérieur, cette géopolitique du vestiaire existe aussi. Neymar fréquente davantage les autres Brésiliens, principalement Dani Alves qu'il a connu au FC Barcelone, ou ses amis d'enfance, surnommés les Toiss. Mbappé, lui, est plutôt du genre casanier et reste auprès de ses copains de jeunesse. Même si cela n'empêche pas tout ce petit monde de se croiser lors de certaines fêtes d'anniversaire ou à l'occasion des virées au restaurant de tout l'effectif, parfois en compagnie du staff technique et médical.

Comme dans toutes relations humaines, l'équilibre peut être fragile. Mais Kylian Mbappé est suffisamment intelligent pour savoir où se trouve son intérêt. Il ne doute pas qu'il se bonifiera et aura plus de chances de performer et d'atteindre ses objectifs élevés en évoluant aux côtés de Neymar. Il a bien conscience que l'avenir lui appartient et qu'il peut concéder un peu de lumière à son partenaire.

8

Le Bleu lui va si bien

Une évidence. Didier Deschamps a tout de suite su que Kylian Mbappé aurait sa place en équipe de France A. « On l'avait suivi lors de l'Euro U19 en 2016, raconte Guy Stéphan, l'adjoint du sélectionneur. Il a su franchir la marche vers les A sans passer par l'équipe de France Espoirs. On n'avait pas dans le groupe France ce type de joueur, même si Ousmane Dembélé lui ressemble. Kylian possède quelque chose en plus : il marque des buts et fait des passes décisives. C'était une évidence. »

Les portes de la grande équipe de France se sont donc ouvertes rapidement pour Kylian, à 18 ans, 3 mois et 5 jours. Bien plus rapidement que pour Michel Platini et Zinedine Zidane, les héros des premières conquêtes tricolores. Il y a eu les générations 1984 et 1998. Mbappé appartiendra à jamais à celle de 2018, qui décrocha une deuxième étoile en Russie lors d'une coupe du monde qu'il a éclaboussée de son talent et de sa fraîcheur, à 19 ans seulement. Son âge lui confère une place à part dans les annales footballistiques françaises et souligne, une nouvelle fois, toute sa précocité. Mais il dit également que, contrairement à ses deux illustres aînés, l'ex-Monégasque n'a pas eu – pour l'instant sans que cela puisse lui être reproché – le même impact qu'eux sur la destinée des Bleus de 2018, même s'il porte lui aussi le fameux numéro 10. Mbappé a contribué à la conquête du plus beau des trophées. C'est énorme. Mais Zidane au mondial 1998 ou Platini à l'Euro 1984 ont fait gagner leur équipe presque à eux seuls. La finale de 1998 face au Brésil (3-0), elle est pour ZZ ; le championnat d'Europe, il est marqué de bout en bout par l'empreinte de Platoche et ses neuf buts en cinq rencontres. Leur jeune successeur ne jouit pas encore, et c'est assez logique aussi, de ce statut de maître à jouer ou de grand manitou de la sélection, ce que furent en leur temps Platini et Zidane, au moins sur la fin de sa carrière. Les années conféreront peut-être à Mbappé cette dimension afin qu'il devienne à son tour le vrai patron des Bleus.

Le 15 juillet 2018, jour de ce France-Croatie historique (4-2), Kylian Mbappé a tenu son rang avec un quatrième but un peu après l'heure de jeu, et une chevauchée déterminante sur celui de Pogba, le troisième de la rencontre. Toujours avec ce sang-froid et ce détachement qu'on lui connaît. Un trait de caractère qui n'a pas échappé au second de DD. « Il a vécu la finale un peu comme si c'était un PSG-Dijon, se souvient Stéphan. Il blaguait avant le match, comme Paul Pogba ou Antoine Griezmann. Il était très décontracté et ce n'était pas feint. C'est sa manière de fonctionner. Pour lui, le foot est un jeu, vraiment, qu'il joue dans la rue ou presque.

Il se lâche, ne se met aucun frein et ne ressent pas le trac. » « La pression lui glisse dessus », confirme Noël Le Graët, le président de la Fédération française de football, dans le milieu depuis près d'un demi-siècle. Cet aspect de sa personnalité apparaît comme un élément majeur de sa réussite. Un leitmotiv de sa destinée. Ses entraîneurs et éducateurs depuis qu'il est tout petit, ainsi que ceux qui le côtoient dans d'autres circonstances, le relèvent souvent. « Kylian n'est pas émotif, c'est clairement une grande force, étaye Stéphan. C'est une caractéristique de sa génération, elle n'a pas peur de l'échec. Même s'il rate, il va continuer à tenter des dribbles, à provoquer. Sans cesse. »

Pourtant, il n'y a rien de banal dans ce que réalise Kylian Mbappé. Que ce soit en finale de la coupe du monde, en Ligue des Champions ou presque chaque week-end sur les terrains hexagonaux, depuis qu'il a pris son envol, il étonne. Hors-norme, exceptionnel, fantastique, extraordinaire, incroyable, phénoménal… Des dizaines d'autres qualificatifs, tout aussi dithyrambiques, pourraient être accolés à l'attaquant, couronné du titre de meilleur jeune joueur de la compétition en Russie. La presse étrangère, tous supports confondus, ne s'y est pas trompée. Au lendemain de la victoire tricolore, c'est le plus souvent sa photo qui a servi d'illustration. Le jeune Français est devenu le symbole éblouissant de cette conquête.

Il l'avait annoncé dans les colonnes de *L'Équipe* le 15 juin 2018 : « l'objectif est de gagner ». L'ambition et l'assurance du prodige lui avaient valu pas mal de critiques lors de débats sur les plateaux télé – mais ces mêmes commentateurs ne l'auraient pas non plus loupé s'il avait dit l'inverse… L'équipe de France et Mbappé l'ont pourtant fait. Certaines de ses prises de parole, sa façon d'être ou de s'exprimer, ont parfois pu être interprétées comme de la suffisance, y compris en interne chez les Bleus. Mais on le lui a vite pardonné, car il a su ensuite, avec intelligence, se faire discret médiatiquement pour laisser parler le terrain. Et il a vite mis tout le monde d'accord. « Il possède les codes d'un vestiaire et d'un groupe, et il apprend vite, confirme l'adjoint de Didier Deschamps, qui a pu l'observer de près pendant un mois et demi. À table ou dans le bus, il ne s'assoit pas n'importe où. Il est blagueur, chambreur et se montre très à l'aise dans le groupe, mais respectueux. Pour un jeune, il n'est pas timide ou introverti, il s'exprime. Pas dans le sens du chef qui fédère, mais il dit ce qu'il a à dire, même s'il est quand même vu un peu différemment par les autres car il est très jeune. Avec certains, comme Blaise Matuidi, Olivier Giroud, Steve Mandanda ou Hugo Lloris, il a douze, treize ou quatorze ans de moins. » Cette différence d'âge n'a pas été un frein à son intégration, comme le note Noël Le Graët : « Au sein du groupe qui a disputé la coupe du monde, on avait l'impression qu'il était là depuis tout le temps. Il était bien avec tout le monde et s'est adapté très facilement. Il est simple et respectueux. » Des propos qui entrent en résonance avec ceux tenus par Kylian Mbappé lui-même à la journaliste Vivienne Walt lors de son interview à *Time Magazine*. Le secret pour garder la tête sur les épaules ? « Respect, humilité, lucidité. »

Une anecdote méconnue illustre bien le propos. Au lendemain du sacre moscovite, une fois de retour à Paris, Kylian Mbappé et Noël Le Graët sont côte à côte à l'intérieur du bus à impériale qui tente de se frayer un chemin sur les Champs-Élysées pour que les supporters puissent apercevoir leurs champions et le trophée. Le président raconte : « Il me dit : “Était-ce bien nécessaire, tout cela ?”, en parlant de la descente des Champs. Avant d'ajouter que les Bleus auraient tout aussi bien pu rester en survêtement plutôt que d'enfiler des habits civils. J'ai trouvé ses remarques surprenantes. Kylian sait rester simple et modeste, même dans l'euphorie. Je lui ai dit de regarder autour de lui, que les gens le scandaient. »

L'attaquant est un ovni et pas seulement sur le terrain. Si on n'apprend pas la musique à Mozart, qui avait composé son premier opéra à 11-12 ans, on n'apprend pas non plus le football à Mbappé. À cet âge, il enchantait déjà tous ceux qui le croisaient sur les terrains de la région parisienne. Des qualités phénoménales qui le singularisent aujourd'hui encore au sein du collectif France. « Il a l'atout de la vitesse, ses coéquipiers le voient à l'entraînement, narre Stéphan. Même lors d'exercices sur surface réduite, il est difficile de défendre face à lui. Cela marque les esprits, ses partenaires les premiers. » Les observateurs non plus ne s'y trompent pas. « Sa rapidité, c'est clairement son atout numéro 1. Vous avez vu sa vitesse de jambes ! s'extasie le publicitaire

Frank Tapiro. C'est comme John McEnroe ou Roger Federer au tennis. Les gens l'oublient car ils regardent le jeu, mais c'est ça qui fait la différence. Mbappé c'est la plus belle des publicités pour le football. Il fait tout à fond, qu'il rate ou pas. Il ne veut pas juste dribbler, il veut que son adversaire ne comprenne pas ce qu'il a fait et que les gens prennent du plaisir. » Une remarque qui nous fait penser au « T'as vu, je t'ai dribblé » que Mbébé lançait à ses jeunes coéquipiers de l'INF Clairefontaine.

Le buteur si mature, si posé, n'aime pas qu'on lui rappelle constamment sa jeunesse mais, franchement, on ne peut pas faire autrement. « On en a parlé tous les deux, avoue Guy Stéphan. Il m'a dit : "Je ne veux être jugé que sur les faits, pas sur mon âge." Il ne supporte pas que l'on puisse dire : "Tu ne joues pas car t'es jeune." On peut le sortir de l'équipe en raison de ses contre-performances. Il aime comprendre les choix. Il faut lui expliquer. » Comme en club ou chez les jeunes, en sélection aussi le joueur du Paris Saint-Germain bouscule tous les records de précocité. Ses prestations lors du mondial – quatre réalisations en sept matches – ont marqué les esprits pour longtemps. C'est le privilège des plus grands : on se souviendra presque plus de son rush contre l'Argentine à presque 37 km/h balle aux pieds pour obtenir un penalty en début de rencontre après avoir pris de vitesse quatre adversaires ou de cette passe lumineuse du talon pour Olivier Giroud en demi-finale contre la Belgique que de ses buts. Mais le huitième de finale, le 30 juin à Kazan, contre l'Argentine de ses coéquipiers parisiens Angel Di Maria et Giovani Lo Celso, demeure sa symphonie, et pour le coup celle-là n'est pas inachevée. Une course de dragster pour obtenir un penalty qui place la France en tête au tableau d'affichage en début de match, puis deux buts pour lui offrir la victoire. Un véritable récital, dans le match le plus spectaculaire du tournoi face à une grande nation de football, deux foix championne du monde… C'est ce que l'on appelle être présent au rendez-vous. Ce fut son match.

La France est championne du monde et, bien sûr, ce titre renforce encore les exploits du Parisien puisque, comme le dit l'expression consacrée, « on ne se souvient que des vainqueurs », même si, en France, on a longtemps eu un faible pour les perdants magnifiques tel Poulidor ou Saint-Étienne en 1976. Mbappé n'est pas de cette catégorie. Il veut tout dévorer, tout gagner, marquer l'histoire de son sport pour les décennies à venir et c'est bien parti. Quand on a du mal à se rappeler une action marquante de Lionel Messi ou de Cristiano Ronaldo en coupe du monde, lui figure déjà dans les annales. Cela donne le vertige. Son œuvre en Russie restera gravée, comme on se souviendra de Zinedine Zidane marchant sur le Brésil en 1998, de Maradona contre l'Angleterre en quart de finale du mondial 1986 ou des exploits de Pelé en 1970, au Mexique déjà. « Lors de France-Argentine (4-3), à la coupe du monde en Russie, quand il a traversé tout le terrain et obtenu le penalty, il a fait gagner la France, souligne le publicitaire Frank Tapiro. Il a une responsabilité vis-à-vis de son équipe, comme

Pelé avec le Brésil, capable de jouer blessé, car il portait sur ses épaules tout le poids du Brésil. Mbappé c'est pareil désormais. Il a compris qu'il avait cette responsabilité. Il est un joueur dont l'aura est plus importante que le talent maintenant. Il peut faire basculer un match à tout moment. Aujourd'hui on fait l'équipe en fonction de lui. »

Une question s'impose alors : Mbappé est-il désormais devenu indispensable aux Bleus ? On peut le penser. Guy Stéphan apporte l'éclairage du staff technique de l'équipe de France sur ce point : « Il l'est devenu mais on le considérait déjà comme quelqu'un qui allait jouer avant même le début du mondial, car il avait déjà prouvé des choses. On comptait le mettre titulaire. Il rappelle un peu Thierry Henry en 1998 ou David Trezeguet en 2000, mais Kylian est plus mature, il marque plus de buts, il est plus décisif. Il y a sa faculté à réaliser les choses rapidement, sa vitesse de pieds, ses contrôles orientés… Il fait tout vite même s'il a encore des points à améliorer, comme son jeu de tête et son pied gauche, détaille le fidèle adjoint de Deschamps. Certains joueurs sont ce que l'on appelle des joueurs d'entraînement mais après, en match, ça ne passe pas, ils sont rattrapés par le trac. Pas lui. »

Sa carrière, en clubs et en sélection, n'est pour l'instant qu'une succession d'étapes franchies à toute vitesse avec une facilité déconcertante. Contre l'Argentine, à 19 ans et un peu plus de 6 mois, Mbappé est devenu le deuxième plus jeune joueur à inscrire au moins un doublé dans une coupe du monde depuis Pelé en 1958, auteur lui de trois réalisations en demi-finale contre la France (5-3). Celui qui est surnommé Donatello au PSG, ou Razmoket chez les Bleus, est aussi le troisième plus jeune joueur de l'histoire à disputer et remporter une finale de coupe du monde, derrière Pelé toujours (17 ans et 8 mois) et l'Italien Bergomi (18 ans et 6 mois). En inscrivant le seul but face au Pérou, lors du deuxième match de groupe des Bleus, il est aussi devenu le Français le plus précoce à marquer dans un tel tournoi, devant David Trezeguet, buteur contre l'Arabie Saoudite (4-0) en 1998 à 20 ans et des poussières. Avant la campagne héroïque de Russie, il avait déjà fait tomber plusieurs records : plus jeune Français à inscrire un doublé depuis 1945 avec les Bleus, à l'occasion de la victoire française contre la Russie (3-1) à Saint-Pétersbourg en amical le 27 mars 2018 et également plus jeune buteur, depuis un certain René Gérard en 1933, à marquer à l'extérieur. Le tout en deux ans à peine et seulement vingt-huit sélections, sa première datant du 25 mars 2017 contre le Luxembourg.

Moins de trois mois après ce baptême du feu, il délivre sa première passe décisive à Dembélé face à l'Angleterre (3-2) et marque son premier but le 31 août de la même année contre les Pays-Bas (4-0) en match de qualifications pour le mondial russe… Moins d'un an plus tard, le 16 juin contre l'Australie, lors de l'entrée en lice des Bleus à la coupe du monde (2-1), le sélectionneur lui donne les clés offensives en le positionnant au centre de l'attaque, exilant ainsi Griezmann sur un côté, et en titularisant Dembélé, avec lequel Mbappé entretient une certaine complicité sur et en dehors des terrains, comme avec les anciens Monégasques Thomas Lemar et son pote Benjamin Mendy. Mais, après une victoire sans la manière et des attitudes qui n'ont pas toujours plu au sélectionneur, cette idée est vite abandonnée.

Deschamps doit remettre les choses en ordre avec ses attaquants en général et lui en particulier. La pépite est en première ligne face aux critiques. Chiffres à l'appui, DD explique alors à ses joueurs qu'ils ont très peu couru à Kazan et que leurs courses à haute intensité (au-dessus de 20 km/h) n'ont pas été assez nombreuses. Deschamps se tourne alors vers Mbappé comme on a pu le voir dans le documentaire de TF1, *Les Bleus 2018 : au cœur de l'épopée russe* : « Kylian c'est celui qui en a fait le moins : 3 %. Pourtant la vitesse c'est ta qualité… », le tacle son entraîneur. Comme à l'école plus petit, Mbappé est rattrapé par sa nonchalance… Le jeune homme ne bronche pas mais a compris et déclarera au sujet de ce recadrage en règle : « Le sélectionneur a fait ce que tout coach fait quand son équipe ne fait pas ce qu'il demande et ce qu'il attend. » « Globalement, contre l'Australie, on avait beaucoup moins couru, ça équivalait presque à un joueur en plus pour les Australiens. Didier lui en avait fait la remarque devant tout le monde. C'est rare qu'il procède de la sorte. Kylian avait bien compris. Il a conscience de ses manques », ajoute Guy Stéphan avant de poursuivre : « Il a aussi fallu quelques petits rappels à l'ordre, notamment par rapport à son replacement défensif imparfait, mais il sait aussi travailler pour le collectif. »

Mbappé reviendra dans les colonnes de *France Football* du 24 juillet 2018 sur ses rapports avec Deschamps, qui ne l'avait pas ménagé non plus en quart de finale contre l'Uruguay, après quelques provocations balle au pied et un carton reçu pour une altercation avec Cristian Rodríguez. « Kylian, oh ! Arrête de faire chier. Stoppe et c'est tout. Tu ne le mérites pas mais ne fais pas ça », avait hurlé son entraîneur excédé depuis le bord de terrain, de peur qu'il se fasse expulser et manque à l'équipe pour les matches suivants. L'Histoire n'aurait pas été la même… « On était à cinq mètres l'un de l'autre, donc c'est moi qui prenais, a expliqué Mbappé. J'y ai eu droit à tous les matches. Et en débriefing aussi. Mais il sait qu'il peut taper sur moi. J'encaisse bien. J'ai compris que c'est pour mon bien et dans l'intérêt de l'équipe. Et s'il faut me taper dessus pendant 90 minutes et que ça permet aux autres d'être tranquilles, pas de problème. » Les autres justement, comme les anciens, n'étaient pas très contents après l'Australie. Blaise Matuidi avait trouvé certains comportements « honteux ». Il l'a dit devant le groupe. Lui, Hugo Lloris, le capitaine, et d'autres cadres en remettront une couche dans la foulée du débrief de Deschamps. Au cours de cet échange entre les vingt-trois joueurs, il est notamment demandé aux attaquants d'effectuer davantage d'efforts défensifs dans le replacement. C'est une des nombreuses qualités de Mbappé : il comprend aussi vite qu'il court.

Contre le Pérou, sa prestation est déjà tout autre, au-delà de son but, le seul de la rencontre, synonyme de qualification pour les huitièmes de finale. Après avoir soufflé face au Danemark (0-0) – douze minutes de jeu en fin de match en remplacement de Dembélé – vient l'heure de son récital, de son chef-d'œuvre : l'Argentine de Leo Messi, qu'il a fait plier presque à lui seul. Au-delà de sa performance offensive ce jour-là, sa plus grande discipline tactique et son investissement défensif ont été remarqués. Ces efforts ne se démentiront pas jusqu'à la fin de la coupe du monde. Mbappé ne sera jamais Griezmann ni Giroud dans ce domaine, mais il a apporté au moins sa contribution. Ce n'est pas les images qui resteront, mais l'attaquant a appris à se faire mal en Russie. Et pas seulement parce qu'il a joué les deux derniers matches, la demi-finale et la finale, avec trois vertèbres touchées. Il n'y a pas que ses adversaires qui ont souffert. Même pour ce talent précoce, tout n'est pas si facile, parfois.

9

Le nouveau Pelé

L'image est saisissante. La ressemblance quasi parfaite. Seul le grain de l'une des deux photos confirme qu'il ne s'agit pas de la même personne. Un non-amateur de football aurait pu s'y méprendre et ne pas faire de différence. Kylian Mbappé et le Roi Pelé donnent l'impression, à un âge à peu près identique, d'être comme deux frères, avec leur bouille enfantine, leur sourire espiègle et leurs yeux coquins. Une ressemblance validée par l'aîné des deux protagonistes : « Tout le monde me compare à Mbappé, glissait Pelé début 2019. On se ressemble, pas vrai ? On m'a envoyé un montage photo où nos deux visages sont entremêlés pour me chambrer, mais c'était pour me rendre hommage. On se ressemble terriblement. » Cette similitude physique, confirmée donc par des clichés de l'un et de l'autre, a été mise au jour à la suite d'un tweet de félicitations de Pelé adressé au jeune Français après son doublé contre l'Argentine (4-3) en huitième de finale du mondial, le 30 juin 2018. « Félicitations Kylian Mbappé, deux buts dans une coupe du monde si jeune te place en bonne compagnie. Bonne chance pour tes autres matches. Sauf contre le Brésil ! », avait ainsi écrit Pelé sur son compte twitter – O Rei – quelques minutes après la qualification des Bleus. À travers ce message, la grande star brésilienne rappelait aussi que le dernier à avoir réussi une telle performance n'était autre que lui-même, en 1958, en demi-finale (5-2) face à la France lors de l'édition suédoise. Pelé avait 17 ans et 8 mois, le Français, 19 et 6 mois…

Par la suite, l'ancien ministre des Sports brésilien a continué de suivre avec attention les performances du Français, sans oublier de les saluer publiquement. Le 15 juillet, après le succès en finale contre la Croatie (4-2), agrémenté d'un but de Kylian, il écrivait : « Seulement le deuxième jeune à avoir marqué dans une finale de coupe du monde ! Bienvenue au club, Kylian Mbappé. C'est génial d'avoir de la compagnie ! » Suivi peu après d'un : « Si Kylian continue d'égaler mes records comme ça, je vais devoir rechausser les crampons. » Une remarque formulée non sans humour ni sincérité mais toujours avec le souci de ramener les choses à lui. Mbappé, très à l'aise en communication, lui avait alors répondu : « Le Roi restera toujours le Roi. » Cette déférence a dû beaucoup plaire à son célèbre aîné et contribuer à les rapprocher un peu plus.

Quelques semaines plus tard, Pelé, en signe d'affection, faisait livrer un de ses anciens maillots de Santos dédicacé au Parisien, qui ne manquait pas de le montrer et de remercier son généreux donateur sur les réseaux sociaux. Enfin, pour les 20 ans du Français, le 20 décembre 2018, Pelé, apparemment bien informé sur les dates de la vie de son jeune successeur, lui adressa un nouveau tweet. « Seuls les talents spéciaux se révèlent si tôt. Joyeux anniversaire Kylian. Je suis excité par ce qu'il te reste à connaître. » Tout le monde n'a pas la chance d'être fêté par Pelé le jour de son anniversaire…

Cette « filiation », que personne n'a encore contestée, suscite le bonheur des journalistes du monde entier. Et chaque échange, le plus souvent en mode épistolaire version électronique, est repris, disséqué et commenté par les médias. Se sont-ils déjà parlé par téléphone ? Peut-être. Mais ce n'est pas certain. Début 2019, en tout cas, ils ne s'étaient encore jamais vus, une rencontre étant programmée pour le 2 avril. Même si, à l'heure du numérique, on peut tomber amoureux derrière son écran d'ordinateur, voir deux champions se rapprocher ainsi sans jamais s'être croisés donne à leur « amitié » un caractère surprenant. Artificiel même, a-t-on pu entendre, sûrement de la part d'esprits chagrins.

Le 30 octobre 2018, Hublot annonçait avoir signé un contrat d'ambassadeur avec le buteur du Paris Saint-Germain. Lors de l'officialisation de l'arrivée de Mbappé chez l'horloger, la filiation n'a pas manqué d'être mise en avant. Par les équipes même de Hublot. À l'époque, une rencontre avec le Roi avait été arrêtée au 8 novembre, mais elle fut annulée. « Kylian est le premier footballeur en activité qui va représenter la marque. Il succède à Usain Bolt, avec lequel il partage beaucoup de valeurs. En devenant ambassadeur Hublot, Kylian rejoint des légendes du football et le Roi Pelé en particulier. Deux hommes qui ont récemment affiché leurs valeurs communes via les réseaux sociaux, déclarait alors Ricardo Guadalupe, directeur général de la marque, dans une déclaration enflammée. Accueillir Kylian Mbappé dans notre famille est porteur d'un message puissant : la fusion du temps, le pouvoir des rêves et de la passion, la magie d'un sport, d'un athlète et des valeurs qu'ils inspirent. Kylian, c'est avant tout la rencontre d'une belle personne, un homme qui incarne l'avenir et tous ses possibles. Pouvoir réunir, Pelé, le patriarche de notre Hublot Family et Kylian, notre plus jeune ambassadeur, relève de ces moments uniques dans une vie, un instant où le temps s'arrête pour marquer l'histoire à jamais. »

Pelé y est aussi allé de sa sortie, pour cette union marketing, dans la lignée de ces différents tweets admiratifs : « C'est un athlète fantastique, il m'a fait vibrer lors de la coupe du monde 2018, il m'a donné envie de dépoussiérer mes crampons, de le retrouver sur le terrain. Il ne le mesure pas encore pleinement, mais il vient de marquer l'histoire et, surtout, les instants qu'il a vécus, les exploits qu'il vient d'accomplir, il va les garder profondément ancrés en lui. Quand j'ai suivi ses matches pendant la coupe du monde, je sentais mon corps courir, mes pieds marquer, mon cœur battre de cette joie intense, celle de la victoire. Il fallait que je le lui dise et il faut maintenant que je le rencontre ! » On peut se demander alors si ce n'est pas Hublot, une marque de montres de luxe suisse dont Pelé est l'un des ambassadeurs historiques, qui a « poussé » le Brésilien vers le Français. Non à en croire Philippe Tardivel, le directeur marketing de l'horloger suisse contacté par l'auteur : « Le lien avec Pelé est né pendant la coupe du monde, or nous avions déjà des discussions avec Kylian pour qu'il devienne notre ambassadeur. Après, on se réjouit de sa proximité avec Pelé, qui est aussi l'un de nos ambassadeurs. » La concomitance entre la naissance de la relation des deux hommes et la signature avec l'horloger peut surprendre. Pourtant, il semble que le rapprochement se soit opéré de manière plus naturelle. Mbappé aime les belles montres et porte régulièrement des modèles Hublot. « C'est comme cela qu'on est entré en contact, confirme Philippe Tardivel à l'auteur. On a vu sur les réseaux sociaux que Kylian appréciait nos produits et, de notre côté, on a été séduit par sa personne et ce qu'il est. On a reconnu en lui une universalité. »

95 % de la production de la marque horlogère part à l'exportation, notamment aux États-Unis, en Asie et au Moyen-Orient. Si l'âge moyen du détenteur d'une Hublot est plus élevé que celui de Kylian, sa personnalité séduit toutes les générations, à en croire Philippe Tardivel. « Il parle aussi bien aux adolescents qu'aux personnes plus mûres, poursuit le dirigeant. Il est à l'aise dans la société, c'est une icône. Avant même qu'il soit notre ambassadeur, quand on évoquait avec nos représentants, présents un peu partout dans le monde, son nom, leurs yeux scintillaient. Ses qualités de footballeur et sa manière séduisent et en font quelqu'un à part.

Le succès français à la coupe du monde et son rôle ont contribué à son universalité. » « Le partenariat avec Hublot est cohérent, juge Jean-François Jeanne, patron d'Infront France, l'une des agences de marketing sportif leader dans le monde. Hublot c'est le haut de gamme et l'entreprise met en avant la performance mécanique de ses montres, donc s'associer à Mbappé a un sens pour les deux. »

Verra-t-on pour autant Kylian Mbappé associer son nom et son image à de nombreuses autres marques ? Frank Tapiro n'y croit pas : « Pour lui ce serait une mauvaise idée de faire de la publicité. Il n'a pas besoin de cela. On fait une pub parce que l'on aime ça, qu'on souhaite se faire connaître ou pour gagner de l'argent. Or Kylian est déjà au-dessus de tout cela. Il ne faut pas faire de la pub pour en faire. »

Au-delà des échanges digitaux entre le Brésilien et le jeune Français, de leur ressemblance physique, de la précocité de leurs performances et d'un partenaire commun, il y a quelque chose de fort et de nouveau chez Pelé, qui scelle leur lien : sa volonté de hisser le Français à sa hauteur dans l'histoire du football, et ainsi d'en faire son digne héritier. Jamais le Roi n'avait encensé un jeune talent de la sorte, jamais il n'avait choisi celui appelé à lui succéder. Ni Lionel Messi, ni Cristiano Ronaldo, ni surtout ses compatriotes Ronaldo ou Neymar n'ont été cooptés de la sorte par sa Majesté. Puisqu'il lui est régulièrement demandé de donner son avis sur les choses du football et ses meilleurs éléments, le triple vainqueur de la coupe du monde (1958,

1962, 1970) a déjà été amené à les féliciter par le passé ou à saluer leur talent. Mais jamais à ce point. Et Pelé ne s'est pas non plus montré avare en sorties cinglantes, notamment envers Messi, comme le montre cette saillie parue dans *Le Monde* en 2012 : « Quand Messi aura marqué 1283 buts et gagné 3 coupes du monde [sous-entendu comme lui], nous parlerons ». Avec Neymar, formé lui aussi à Santos, il entretient une relation quasi filiale. Il lui parle, le conseille, l'encense mais le critique aussi dès qu'il le juge nécessaire.

Avec Mbappé, tout semble différent. Pelé est même allé plus loin. Le 15 janvier 2019, dans un entretien au magazine *France Football*, il l'a adoubé : « Je pense qu'il peut devenir le nouveau Pelé ! Beaucoup pensent que j'ai dit ça pour rigoler, mais non, ce n'est pas une blague », avant de lui lancer un défi pour mériter définitivement son legs : « Tu dois maintenant gagner une autre coupe du monde. » Ce challenge, potentiellement réalisable puisqu'à 20 ans Mbappé peut espérer encore en disputer au moins trois, placerait définitivement Kylian sur le trône du Roi. Ce dernier est le seul à l'avoir remportée à trois reprises. À l'étage inférieur, les doubles champions du monde sont plus nombreux, mais la plupart sont des Italiens des années 1930 ou des Brésiliens des années 1950 et 1960, et tous aujourd'hui sont décédés. Dans l'ère moderne, deux footballeurs seulement peuvent se targuer d'être doubles champions du monde. Deux Brésiliens, encore… Cafu et Ronaldo en 1994 et 2002, même si le second, 17 ans en 1994, n'avait pas joué une seule minute lors du mondial disputé aux États-Unis. Mbappé, comme Pelé, s'est montré déterminant dans la conquête du trophée dès sa première participation.

Pourquoi l'ancien joueur de Santos et du Cosmos New York s'est-il pris d'affection pour le Français au point de s'en déclarer « fan » ? La démarche peut interpeller. Pour quelles raisons ses compatriotes Ronaldo, Romario, Ronaldinho, Robinho ou Neymar, pourvus eux aussi d'un talent exceptionnel, n'ont-ils jamais trouvé la même grâce à ses yeux ? VRP de luxe, ou homme-sandwich c'est selon, pour de multiples marques internationales, il ne faut pas exclure qu'à travers ce rapprochement avec le jeune Français Pelé cherche également à maintenir son capital business en associant son image à celle du Parisien, nouvelle coqueluche du foot. Le phénomène Mbappé prend de l'ampleur partout sur la planète, via notamment les réseaux sociaux, où le nombre de ses suiveurs est en constante augmentation, même s'il demeure de très loin inférieur à celui de Cristiano Ronaldo ou de son coéquipier Neymar. Début juin 2017, deux mois et demi avant qu'il signe au PSG, il comptait 143 000 abonnés sur twitter et 1,2 million sur instagram. Moins de deux ans plus tard, en mars 2019, ils étaient 2,55 millions abonnés sur le premier réseau cité et 27,6 sur le second. Un bond de géant mais encore en retrait du Ney (respectivement 42,6 et 112 millions d'abonnés). Grandir en renommée internationale, voilà l'un des futurs chantiers pour Mbappé et ses conseils.

On peut être certain qu'il va s'y atteler, lui qui veut tant marquer l'histoire.

À 78 ans, Pelé, vieillissant et affaibli par des opérations à la hanche qui lui imposent de se déplacer en fauteuil roulant, donne le sentiment, en agissant ainsi, de préparer sa succession, comme le ferait un industriel à l'heure de passer la main de l'entreprise familiale à ses enfants. Le Brésilien, qui n'est pas le plus modeste des très grands sportifs et aime à rappeler ses exploits, continue ainsi de demeurer dans l'actualité. Et de manière positive. C'est lui qui donne le tempo, qui choisit les sujets le concernant. Pelé reste maître de sa communication, contrairement à 2014 par exemple, avant la coupe du monde dans son pays, où il avait été hospitalisé. Son état de santé inquiétant avait fait craindre le pire : « Le Roi est mort, vive le Roi. » Heureusement pour les amoureux de football et les Brésiliens, il a survécu.

Et sur le terrain, peut-on parler de filiation ? Leur « parenté » semble-t-elle aussi évidente ? Assez clairement oui, même si leur profil diffère quelque peu. Mbappé est plus grand de sept centimètres (1,78 mètre contre 1,71) et court plus vite que son aîné, mais il est moins puissant et possède un moins bon timing aérien. Techniquement, les deux jouissent de qualités proches, mais pas seulement. Comme le Brésilien, le tricolore fait aussi preuve d'explosivité, il possède la capacité à courir vite avec le ballon et d'enchaîner dribbles et changements de rythme. S'il sait se montrer adroit, Kylian l'est moins que le Roi qui, à 20 ans, affichait de meilleures statistiques. Ce comparatif doit bien sûr être nuancé.

D'abord parce que le football aujourd'hui n'a rien à voir avec ce qu'il était il y a soixante ans. Il est plus universel et la concurrence est plus relevée. Le nombre de matches par saison est bien plus important et le physique occupe une part décisive dans la performance. Il faut aussi noter que Pelé évoluait comme un neuf et demi, qui faisait le lien entre le milieu de terrain et l'attaque, alors que Kylian est un pur attaquant, qui souvent doit s'exiler sur un côté, aussi bien en clubs qu'en sélection, contrairement au Brésilien toujours positionné dans l'axe.

Leurs quelques différences footballistiques ne démentent pas pour autant la filiation, qu'elle soit totalement sincère ou peut-être en partie calculée. L'histoire retiendra qu'elle est née d'une sortie imprévisible d'Edson Arantes de Nascimento sur un réseau social au cœur de l'été 2018.

10

UN GÉNÉREUX ENFOIRÉ

La grande entreprise Kylian Mbappé, comme certaines sociétés du CAC 40, possède aussi ses bonnes œuvres. Certaines sont connues et médiatisées, d'autres gérées plus discrètement, dans l'ombre, par sa maman Fayza. C'est elle qui a la main sur cet aspect caritatif dans un savant mélange de sincérité, de spontanéité mais aussi de communication savamment orchestrée, afin de parfaire l'image du champion. Kylian a conscience de sa réussite et de la chance qu'elle lui procure. Alors il partage et donne de son temps et de son argent, aussi. Dans l'interview accordée au *Time Magazine* du 11 octobre 2018, dans le cadre d'un numéro sur les leaders de la prochaine génération où quatre pages lui étaient consacrées, il évoquait ainsi sa générosité : « Je gagne assez d'argent, beaucoup d'argent. Donc je pense qu'il est important d'aider ceux qui sont dans le besoin. Beaucoup de personnes souffrent, ont des maladies. Pour des gens comme nous, donner un coup de main, ce n'est pas grand-chose, confiait-il alors à la journaliste Vivienne Walt qui l'avait interrogé quelques semaines plus tôt, fin août. Ça ne change pas ma vie mais ça change la leur. Et si c'est le cas, je le fais avec plaisir. »

Courant janvier 2019, quelques jours après la disparition de l'attaquant argentin Emiliano Sala dans un accident d'avion au-dessus de la Manche alors qu'il effectuait la liaison entre Nantes, son ancien club, et Cardiff, au pays de Galles, sa future destination, la famille du joueur disparu a lancé une cagnotte sur GoFundMe, la plateforme numéro 1 de financement participatif et de collecte de fonds. Son but : financer de nouvelles recherches afin de localiser l'avion après l'arrêt de celles menées par les autorités de Guernesey. En quarante-huit heures environ, plus de 330 000 euros ont été levés. Parmi les donateurs, on trouvait un certain… Mbappé, qui a offert 30 000 euros, la plus grosse somme versée sur le compte, supérieure à celle donnée par son partenaire Adrien Rabiot (25 000) ou la Ligue de football professionnel et le Marseillais Dimitri Payet (10 000 chacun). Dans les heures suivant le drame, le Parisien avait publié le 21 janvier sur l'un de ses réseaux sociaux une photo de lui avec le regretté Sala. Quelques jours plus tard, après le succès des recherches pour localiser l'avion et le corps du footballeur argentin, Mbappé a de nouveau versé une somme équivalente, un peu plus de 30 000 euros, cette fois pour que soit retrouvée la dépouille du pilote David Ibbotson. Mais c'est sous un autre patronyme qu'il a cette fois effectué ce don, sous celui d'Elie Lottin – Lottin étant une partie de son nom de famille complet. Pourquoi a-t-il décidé cette fois de ne plus s'afficher aussi clairement ? Parce que certains avaient commencé à émettre des doutes sur la sincérité de sa démarche, y voyant un moyen de travailler son image ? « J'ai été surpris qu'il s'affiche ainsi pour Sala, expose un spécialiste en communication. À sa place je ne l'aurais pas fait. Ça peut être mal interprété ou alors interprété de la mauvaise manière. » « Il est très intelligent, sa démarche n'est forcément pas neutre, appuie une relation de la famille. Depuis tout petit, il observe le haut niveau, son fonctionnement et ses codes. Il connaît bien l'environnement du football. C'est un bon garçon, mais il y a vraisemblablement aussi une part de calcul. Il doit faire attention à ne pas trop en faire. » Sans être pour autant flambeur, Mbappé a l'argent décomplexé. Dans son esprit, pourquoi se cacherait-il puisque sa démarche se veut sincère ? On peut lui faire crédit de cela.

Si le Parisien sait se montrer généreux en sortant son carnet de chèques, il est aussi un homme engagé socialement qui donne de son temps. Notamment au sein de Premiers de cordée, dont il est parrain depuis mai 2017. C'est *via* le journaliste de TF1 Christian Jeanpierre, bénévole au sein de cette association qui propose des initiations sportives pour les enfants hospitalisés et des actions de sensibilisation au handicap, que l'attaquant parisien a fait la connaissance des responsables de cette structure créée en 1999 et décidé de s'engager. Il était à l'époque à la recherche d'une collaboration caritative, lui qui reçoit très régulièrement des demandes d'organismes souhaitant s'associer à celui dont l'image est ultrapositive chez les 7 à 77 ans. Premiers de Cordée « dans le cadre de son programme Sport à l'Hôpital, propose gratuitement, tout au long de l'année, des initiations sportives pour les enfants hospitalisés. Ces activités sont encadrées par des éducateurs sportifs qualifiés et des bénévoles de l'association. De nombreux sports sont proposés, du foot au rugby, en passant par la boxe, la danse, le judo ou encore le tennis. L'association a également développé un programme de sensibilisation au handicap à travers le handisport auprès des écoles et des entreprises », peut-on lire sur son site internet, qui publie également ce message du joueur : « Les enfants que je rencontre le méritent [d'être aidés]. Quand je viens jouer au foot à l'hôpital, ce sont eux les stars, pas moi ! Je suis encore plus content qu'eux de partager ces moments. »

Cet engagement tient à cœur à Mbappé. « Kylian est comme un gamin, si vous ne l'arrêtez pas, il ne s'arrête pas et peut jouer des heures avec les enfants, il est increvable, et jamais il n'a montré de lassitude ou d'agacement. Il est extrêmement patient et disponible. Ce qui n'est pas le cas de tous les sportifs. De toute façon dès qu'on lui donne un ballon, on voit qu'il est heureux et vraiment dans son élément, explique Sébastien Ruffin, le délégué général de l'association. Et il possède une très grande qualité : sa capacité d'adaptation à la personne en face de lui. Si c'est un enfant de 6 ans, il va savoir lui parler et trouver les mots. Et il n'éprouve pas de gène vis-à-vis de la maladie même devant un enfant sous perfusion ou sans cheveux après une chimiothérapie. »

Frank Tapiro avait lui aussi déjà noté que « ses sourires et sa gestuelle » étaient toujours en adéquation avec les personnes à qui il s'adressait. Récemment, avec Premiers de cordée, Mbappé a aussi participé à des opérations à l'hôpital de Bondy, début 2018, où sa présence a créé une émeute, et à la clinique Édouard Rist dans le XVIe arrondissement parisien, juste avant qu'il signe au PSG.

Lors d'une autre manifestation de l'association, les journées Évasion, chaque année en mai ou juin au Stade de France, trois mille enfants viennent s'initier à une vingtaine d'activités sportives, la présence de Kylian les plonge dans un doux rêve, et ce n'est pas seulement une expression. « Lors de cette journée, on fait visiter aussi le Stade de France grâce au consortium qui est notre partenaire. Au cours de l'une d'entre elles, on avait demandé à Kylian d'attendre dans l'un des vestiaires. Quand les enfants l'ont vu, ils n'y croyaient pas, ils n'arrivaient pas à réaliser que c'était lui en vrai, pour eux c'était impensable qu'il soit bien là », raconte Sébastien Ruffin. Effet garanti. Ce jour-là, il avait également payé les trois mille tee-shirts offerts aux enfants. La disponibilité et la gentillesse du footballeur font le reste et ont tendance à éclipser les autres sportifs mobilisés. On ne s'appelle pas tous Kylian Mbappé, qui plus est footballeur de l'équipe de France…

Sa prime de vainqueur de la coupe du monde – 300 000 euros environ –, il l'a reversée à Premiers de cordée. Au départ, pourtant, il ne voulait pas l'empocher, comme nous le raconte Noël Le Graët.

« Sa maman m'avait dit de garder la prime économique reversée à chacun des joueurs, confie à l'auteur le président de la Fédération française de football. Elle s'était justifiée en me disant : "Vous avez vu ce qu'il gagne en club…" »

Ce don a eu des répercussions assez originales pour l'association. Une assez prévisible : plusieurs autres associations se sont manifestées pour savoir s'il n'y avait pas moyen de récupérer un peu du pécule, au cas où… « On a eu plein de nouveaux amis », rigole le patron de Premiers de cordée, Sébastien Ruffin. D'autres plus improbables. Ce geste a suscité un engouement médiatique planétaire. Des journalistes du monde entier ont contacté l'association, de la Grèce aux États-Unis en passant par le… Bangladesh : « J'ai donné une interview à la chaîne brésilienne TV Globo, se souvient Ruffin non sans humour. Plusieurs médias asiatiques, dont un japonais, se sont intéressés à nous, un grec également. C'était assez déroutant. Un article du *Parisien-Aujourd'hui en France* dans lequel je m'étais exprimé a été traduit dans plusieurs langues. Sur le fil actu, on était même devant Macron. »

À Bondy, sa ville à laquelle il demeure très attaché et où ses parents ont très longtemps œuvré dans le monde associatif, Kylian joue aussi les bons Samaritains et ça ne se sait pas forcément. Ainsi, il est l'un des généreux donateurs du dispositif privé Passeurs d'arts, qui permet à des enfants de s'initier aux instruments de musique à vent. Depuis septembre 2017, une formation musicale composée d'enfants des cours élémentaires première et deuxième années du groupe scolaire Jacques Bethinger-Roger Salengro, à proximité du conservatoire de Bondy, a vu le jour. Kylian a donné quelques milliers d'euros afin de payer les professeurs et d'acheter des instruments (cuivre et bois) pour les trente-six élèves concernés par cet ensemble. « J'ai créé Passeurs d'arts en 2012, confie Jean-Claude Decalonne, luthier de formation qui depuis vingt ans fait découvrir la musique aux jeunes de quartiers via diverses opérations. Le programme est basé sur l'intensité. Les enfants ne font jamais moins de six heures de musique par semaine. C'est un bel outil social à disposition des jeunes. On n'a jamais assez de moyens, l'apport de Kylian est appréciable. » À l'avenir, cet orchestre de jeunes Bondynois espère pouvoir accueillir des instruments à corde, pour cela il faudra un peu plus d'argent. Passeurs d'arts s'inspire du modèle vénézuélien, appelé El Sistema. Alors que ce pays d'Amérique du Sud connaît de grandes difficultés politiques et économiques ces derniers mois, il propose aux jeunes un programme d'éducation par l'art depuis des années. Un million d'enfants font ainsi de la musique à haute dose. Et cela a permis à des Vénézuéliens de devenir des références dans le monde de la musique, comme par exemple le chef d'orchestre Gustavo Dudamel qui dirige l'ensemble philharmonique de Los Angeles, le « Mbappé des chefs d'orchestre », selon Jean-Claude Decalonne. C'est Fayza qui sert de trait d'union, une nouvelle fois, entre l'association et son fils. Ce dernier a fait la connaissance des enfants le jour de la célébration en son honneur à Bondy pour le titre de champion du monde, le 17 octobre 2018. Sur la scène montée pour l'occasion, ils ont joué *La Marseillaise* pour Kylian. Un peu après la cérémonie, l'attaquant a consacré une petite demi-heure à ces jeunes musiciens pour faire leur connaissance et échanger avec eux, puis il leur a demandé de revenir sur scène jouer d'autres morceaux comme l'hymne européen ou la musique du film *Pirate des Caraïbes*.

Pendant la dernière coupe du monde, Mbappé a aussi permis à vingt-cinq élèves d'une classe de quatrième, quatre enseignants et la principale adjointe du collège Jean-Renoir de Bondy, de partir en Russie, du 18 au 28 juin et d'assister à France-Danemark et Portugal-Maroc. Ce voyage s'inscrivait dans le cadre d'un projet pédagogique appelé Jean-Renoir Russie 2018 dont le but était de permettre aux collégiens de réaliser des journaux télévisés et des interviews tout en se familiarisant avec la langue russe. Sauf que la belle aventure a failli ne jamais voir le jour. Faute d'argent, l'association Sport'A Vie, qui devait s'occuper de la logistique du déplacement, a décidé de reculer la date de départ et de réduire la durée du séjour. L'équipe pédagogique s'est alors tournée vers l'entourage de Kylian mais aussi vers Christian Jeanpierre, partie prenante du projet. « J'avais déjà sollicité la maman de Kylian au début et elle nous avait fait un premier don, raconte Dalila Hassani, ancienne proviseur adjointe du collège Jean-Renoir, aujourd'hui en poste à Romainville. Quand on a eu le souci, j'ai rappelé Fayza et elle est venue tout de suite avec son avocate dans notre établissement. Ils ont débloqué la situation. » Pour financer ce projet de 50 000 euros environ, Mbappé a donné plusieurs milliers d'euros et payé les billets d'avion. Son ami et partenaire chez les Bleus, Benjamin Mendy, a aussi été mis à contribution, tout comme Nathalie Boy de la Tour, la présidente de la Ligue de football professionnel, et la Fédération française de football, qui a offert les places pour les matches France-Danemark et Portugal-Maroc. « Un samedi matin, je reçois un appel de Fayza Mbappé, se remémore Nathalie Boy de la Tour. Elle m'explique ce qui était en train de se passer pour ces jeunes élèves de quatrième. Je lui ai fait profiter de mon réseau pour solutionner le problème. En quarante-huit heures tout était réglé. » La délégation de Jean-Renoir a ainsi pu être logée dans des hébergements réservés à l'origine aux supporters des Bleus. L'apport sonnant et trébuchant, mais également le relationnel de la famille Mbappé ont été déterminants. « On a aussi pu assister à un entraînement de l'équipe de France, rappelle Mme Hassani. Et, grâce à l'argent économisé sur le transport, on a pu faire des activités culturelles sur place qui n'étaient pas prévues, notamment aller à l'opéra de Moscou. Vous vous rendez compte de ce que ça représente l'opéra de Moscou ! Ce voyage a montré aux élèves l'importance de l'entraide et de posséder un réseau. L'image qu'ils ont de Kylian ce n'est pas celle du footballeur plein d'argent mais celle de quelqu'un de généreux et solidaire. » Plus récemment, il a aidé au financement d'achat de minibus pour les déplacements des jeunes du club de l'AS Bondy. « On ne veut pas que notre relation avec Kylian et ses parents se résume à une politique de guichets, explique Sylvine Thomassin, maire de la ville et amie de Fayza. On reçoit énormément de demandes mais on filtre. » Beaucoup d'associations bondynoises mais aussi du département de Seine-Saint-Denis ainsi que des particuliers contactent la mairie de Bondy pour tenter de s'associer à Kylian, d'une manière ou d'une autre. C'est en cela que Mme Thomassin et ses équipes doivent écrémer au maximum les sollicitations.

Ces exemples représentent la face immergée de sa contribution sociale. Comme beaucoup de sportifs de renom ou de personnalités du cinéma et de la musique, Kylian Mbappé croule sous les demandes d'associations, mais aussi de parents qui n'hésitent pas à le contacter *via* le Paris Saint-Germain, par exemple. Le club reçoit ainsi régulièrement des sollicitations. Les requêtes jouent souvent sur la corde sensible pour que des enfants malades puissent assouvir leur rêve de rencontrer un joueur du club. En tête de ce « palmarès caritatif », Mbappé est avec Neymar celui qui est le plus réclamé. Par le biais de la Fondation PSG, il participe aussi, au même titre que ses partenaires, à une ou deux opérations annuelles auprès d'enfants malades. Le PSG est lié à l'hôpital Necker et la visite de Thiago Silva et ses partenaires constitue très souvent un moment fort, tout comme la soirée caritative de la Fondation. Chaque année, un dîner et une vente aux enchères ont lieu en présence de l'ensemble de l'effectif parisien, d'invités triés sur le volet, de personnalités, d'artistes et de chefs d'entreprise. En mai 2018, Mbappé s'est signalé, une nouvelle fois, en dépensant une importante somme d'argent lors de cette soirée de gala. Dans un duel fratricide avec Neymar, il a surenchéri jusqu'à 550 000 euros pour s'adjuger Wild Kong – une statue de gorille affublé d'un maillot jaune du PSG de l'artiste Richard Orlinski.

À la suite du dramatique effondrement d'un immeuble à Marseille en novembre 2018, c'est Chloé Herszkowicz, la maîtresse d'un petit garçon dont la maman est décédée dans le drame de la rue d'Aubagne, qui a lancé un appel au secours à Mbappé *via* un réseau social. Elle a été entendue et a pu s'entretenir avec l'avocate de la famille, Delphine Verheyden, pour organiser une rencontre entre la star et le gamin. Une fois encore Kylian Mbappé a répondu présent et l'échange devait avoir lieu d'ici la fin de saison 2018-2019.

Ce « sens de l'autre » selon l'expression de Marie Delbecq, la directrice du conservatoire de Bondy, Mbappé l'entretient depuis son plus jeune âge. Alors qu'il n'avait environ que 10 ans et était élève du conservatoire, il allait participer, à la bibliothèque de la ville, avec d'autres apprentis musiciens, à l'heure du conte, destinée aux 3-6 ans. Kylian y chantait et affichait déjà une réelle attention à ceux qui l'entouraient. Sûrement un atavisme familial tant ses parents ont été impliqués, et le sont encore, dans diverses associations et sections sportives dans leur ville de Seine Saint-Denis. Au quotidien, Mbappé sait se montrer attentif à ceux qui l'entourent. « Il a su que j'ai été malade et à chaque fois qu'il me voyait, Kylian prenait des nouvelles de ma santé et avait un petit mot agréable», détaille Noël Le Graët, qui a été traité pour un cancer en 2018. Au camp des Loges, il se montre toujours disponible pour un autographe et des photos dès qu'on lui formule une demande. Là aussi, sa propension à prendre soin des autres, et notamment du personnel – restauration, entretien, ménage… – qui œuvre quotidiennement dans l'ombre au bien-être des joueurs, est appréciée.

En janvier 2019, Kylian Mbappé a obtenu «sa» consécration caritative en étant l'invité du show des Enfoirés, diffusé sur TF1 le 8 mars de la même année, dans la grand-messe cathodique annuelle de la chaîne. L'enregistrement a eu lieu à Bordeaux, le lundi 28 janvier. Encore une fois, c'est par l'entremise de Christian Jeanpierre que l'international a accepté de participer à cette œuvre de bienfaisance. Le journaliste, proche de Jean-Jacques Goldman qui a depuis quitté l'aventure, est un membre actif, depuis des années, de la famille des Enfoirés. Il avait notamment été l'un de ceux qui avaient convaincu Zlatan Ibrahimovic, la star du PSG de l'époque, d'y prendre part en 2016. Pour l'édition 2019, ce sont deux champions du monde, Didier Deschamps et Kylian Mbappé, qui se sont prêtés au jeu, alors qu'Antoine Griezmann, initialement prévu, a dû se décommander. Fidèle à lui-même, l'attaquant du PSG, qui avait obtenu préalablement l'autorisation de son club et était accompagné de ses parents et d'un salarié du PSG, a fait forte impression auprès des bénévoles de l'association créée par Coluche en 1985, mais aussi des artistes, dont certains participent depuis longtemps à ce show annuel. « C'est extraordinaire, ce mec est génialissime, c'est un exemple pour la jeunesse », s'enthousiasme au micro de TF1 Philippe Lacheau, acteur et réalisateur. « C'est bien qu'il soit là, l'année des vingt ans du premier sacre des Bleus et des trente ans des Enfoirés. Je vais faire un selfie avec lui pour mon fils, pour moi et mon père qui est fan de foot, ajoute Kad Merad, l'acteur français. Il vient de Bondy, d'un quartier populaire, il nous rappelle qui on est, ce que c'est d'être Français aussi. » « Kylian est tourné vers les autres, il s'intéresse. Les circonstances sont extraordinaires au vrai sens du terme, poursuit Patrick Bruel, grand fan du PSG, qui l'a accueilli très chaleureusement à son arrivée à Bordeaux. Ce que vit ce garçon, à 20 ans, est prodigieux. C'est un symbole de l'avoir avec nous. »

Sa spontanéité, son aisance en toutes circonstances ont fait craquer tout le monde et au palmarès des selfies et des autographes il s'est aisément imposé. À chaque artiste rencontré, on a vu Kylian claquer des bises ou serrer des mains, avec des tapes amicales et des petits mots à Florent Pagny, Kad Merad ou encore Zazie et Mimi Mathy. En écho, il entendait « merci d'être là » et lui répondait « merci à vous de m'accueillir ». Pour des contraintes d'emploi du temps, le final du show a été décalé au milieu du spectacle afin que Mbappé puisse reprendre son avion privé et rentrer à Paris, même s'il aurait peut-être pu déborder un peu, son équipe étant au repos le lendemain… « J'ai beaucoup regardé l'émission avec ma mère. Quand ils m'ont appelé pour participer, j'ai dit oui tout de suite, confie Kylian à Christian Jeanpierre. En plus, c'était le rêve de ma mère de me voir un jour aux Enfoirés. Deux raisons qui faisaient que je viendrai. » Salopette de Coluche sur le dos, tout comme Didier Deschamps, l'attaquant s'est présenté sur la scène face au public avec un masque. Qui, une fois tombé, a suscité une explosion des spectateurs et des bénévoles. Dans les coulisses, Mbappé a prêté sa voix à l'enregistrement de la chanson des Enfoirés 2019, écrite par Vianney, *On trace*. « Cela m'ouvre à d'autres choses, de voir des gens qui ont réussi dans d'autres domaines. Je suis admiratif de tout ce qu'ils ont fait et de ce qu'ils feront, avoue Mbappé. La soirée s'est très bien passée, le public était content. Les gens, les bénévoles m'ont mis à l'aise. Les artistes m'ont aidé à m'intégrer, je les remercie pour ça. C'était une superbe journée. » Cette nouvelle expérience a été réalisée encore une fois avec une facilité déconcertante par Kylian. Quels que soient le domaine et l'environnement, il continue de tracer sa route.

Prochaine étape, et pas des moindres : avec sa famille et son avocate, il travaille à la création de sa Fondation. Son coéquipier du PSG, Neymar en a une. Si l'idée n'est peut-être encore qu'au stade de l'ébauche, elle a été évoquée. Assurément elle contribuerait encore un peu plus à la popularité et à l'image positive de Monsieur Kylian Mbappé.

Épilogue

Quel sera l'avenir de footballeur de Kylian Mbappé ? Que restera-t-il de lui dans quelques années, une fois sa carrière achevée ? Quel aura été son legs au sport français et mondial ? Quelle reconversion choisira-t-il ? Autant d'interrogations autour de ce phénomène de précocité.

Pour faire une grande carrière de footballeur, et plus généralement de sportif de haut niveau, il faut un indéniable talent individuel. Il s'agit certes d'une lapalissade, mais c'est surtout le socle obligatoire à tout parcours hors norme. Un bon encadrement, qu'il soit parental, familial ou le fait de conseillers, apparaît aussi comme un facteur non négligeable de succès. Ces deux atouts, Kylian Mbappé les possède et sait les utiliser. Pour l'heure, il s'inscrit déjà parmi les plus grands. Mais, pour être le plus grand et laisser une empreinte encore plus belle et profonde, il devra être l'homme des grands rendez-vous. Celui qui, à lui seul, porte son équipe quand l'opposition est âpre, le scénario indécis et brûlant. Il devra se draper dans le costume du super-héros. Il a su l'endosser face à l'Argentine en huitième de finale de la coupe du monde au sein d'un collectif bleu fort et expérimenté ou avec Monaco en

Ligue des champions lors de la campagne 2016-2017, mais à l'époque l'Europe le découvrait et il bénéficiait de la méconnaissance de ses adversaires à son sujet. Plus le temps passe, plus l'effet de surprise va disparaître. Il lui faudra se réinventer pour encore surprendre. En deux saisons au PSG, sur la scène continentale, quand l'altitude s'est élevée, qu'il était davantage attendu et que la pression était plus forte qu'en Principauté, Kylian a semblé manquer d'air : inoffensif, faisant même petit garçon devant les Ramos, Casemiro, Kroos ou Varane, lors des deux matches contre le Real Madrid (1-3 et 1-2) en février et mars 2018 à l'occasion des huitièmes de finale de la C1 ; dans un mauvais soir à Liverpool (2-3) en septembre 2018 ou, malgré un but, il perdit un ballon près de sa surface qui entraîna la défaite des siens ; puis discret et pas inspiré contre Manchester United, le 6 mars 2019, lors d'un nouveau fiasco européen du PSG, orphelin qu'il était peut-être, ce soir-là, de Cavani et surtout de Neymar, un joueur à même de créer les décalages et de faire basculer les destinées, comme Cristiano Ronaldo l'a démontré avec la Juventus Turin, une semaine plus tard, devant l'Atletico Madrid en inscrivant les trois buts de son équipe, synonymes de qualification. Face à MU, KM a eu l'occasion de sauver les siens en seconde période. Il a eu la balle de l'égalisation dans les pieds lors d'un duel avec De Gea. Mais lui qui est si agile a glissé au moment de feinter. Cette action symbolise sa partition ratée et aussi l'échec de son club, deux ans après la *remontada* (défaite 6-1 à

Barcelone en mars 2017). Les grandes rencontres européennes semblent encore dessiner aujourd'hui une limite pour Kylian Mbappé. Elle ne sera peut-être que temporaire.

Pour aller plus haut aussi, il lui faudra de la chance, comme être dans la bonne équipe au bon moment. Son coéquipier au PSG, Gianluigi Buffon, malgré sa gigantesque carrière, a tout gagné sauf la Ligue des champions. Pour l'instant, Mbappé a été bien loti : néo-pro ultra-décisif avec Monaco en 2016-2017, avec à la clé un titre de champion de France et une demi-finale européenne, étoile naissante dans le Paris Saint-Germain 2017-2018 de Neymar auteur du quadruplé national – championnat, coupe de France, coupe de la Ligue et Trophée des champions – et, enfin, titulaire indiscutable de l'équipe de France, championne du monde 2018, après avoir remporté le championnat d'Europe des U19 en 2016. En 2018-2019, il a pris encore plus d'épaisseur sur et en dehors des terrains. Sans compter les récompenses individuelles qui ornent son musée personnel dans son appartement parisien : meilleur espoir du championnat de France 2016-2017, meilleur jeune de la coupe du monde, Trophée Raymond-Kopa, le Ballon d'Or des moins de 21 ans…

À 20 ans, c'est déjà beaucoup, énorme, pourrait-on même dire. Mais pour étancher sa soif de titres, de succès et de trophées, cet alignement de planètes personnel et collectif va devoir perdurer. Et, c'est là l'élément peut-être le plus important mais le moins rationnel. Kylian va devoir dribbler les blessures et pépins physiques comme ses adversaires sur les terrains. Prier qui il veut afin d'être épargné. Il n'y a pas de grande carrière sans cet heureux hasard qui vous permet d'échapper à la grave blessure. Toutes ses qualités, aussi nombreuses soient-elles, ne lui offrent malheureusement aucune assurance maladie de ce type. Les Messi, Cristiano Ronaldo, Pelé et autres Maradona, Zidane, Platini ou Cruyff ont connu des pépins de santé, mais rien qui ait brisé leur élan ou les éloignés assez longtemps du jeu pour que l'on se dise : « Ah, s'il n'avait pas été blessé, il aurait fait une autre carrière… » Pour s'épargner ce type de déconvenues, Kylian se serait doté d'appareils high-tech à son domicile pour s'entraîner et récupérer.

Kylian Mbappé va achever la saison 2018-2019 à Paris avec au moins un nouveau titre de champion de France et très probablement celui de meilleur buteur du championnat, avec plus de trente buts. Cela constituera un nouveau record à coup sûr à son âge. Il jouera encore la suivante au PSG si l'on s'en tient à ce qu'il a affirmé à *Téléfoot*, le magazine dominical de TF1 le 10 mars 2019, quatre jours après la triste élimination contre Manchester United au Parc des Princes en coupe d'Europe : « Je pense que je serai là. C'est sûr même. Même avant [l'élimination], c'était déjà acté. Là, avec tous les problèmes que va engendrer cette élimination, ça ne sert à rien que ma situation personnelle vienne en rajouter. » Une sortie médiatique intelligente, dans le bon timing, faite à un ami journaliste de TF1 où il rassure les supporters parisiens et place, ostensiblement, le collectif avant ses intérêts personnels. Ce n'est pas le cas de tous ses partenaires. Bien joué.

Kylian Mbappé restera peut-être aussi les deux années suivantes dans la capitale et ainsi honorera-t-il son contrat jusqu'à son terme. Le Paris Saint-Germain sera-t-elle l'équipe qui l'amènera au sommet du football de clubs, à savoir remporter la Ligue des champions et le championnat du monde des clubs ? Peut-être. Mais, statistiquement, le Bondynois a plus de chance d'atteindre ces altitudes en évoluant au Real Madrid ou au FC Barcelone. Depuis 2008, ces deux poids lourds espagnols du foot européen ont gagné la coupe aux grandes oreilles à sept reprises – quatre trophées pour le club de la capitale, trois pour le club catalan. Le Bayern Munich, une autre référence continentale, Chelsea et l'Inter Milan complètent ce palmarès. Alors, pour voir ses exigences comblées, Mbappé devra peut-être s'exiler. Sûrement même, selon Frank Tapiro, publicitaire, ancien conseiller de Nicolas Sarkozy, aujourd'hui patron opérationnel des émotions chez Datakalab, une start-up sur les neurosciences : « Dans deux ou trois ans au plus tard, il va rejoindre le Real Madrid, le club où il a toujours rêvé de jouer. Il veut devenir le plus grand joueur de tous les temps. Alors il devra quitter la France, c'est certain. Dans notre pays, on a un problème avec la réussite. On a le syndrome Poulidor. On n'aime pas ceux qui sont trop forts, trop beaux, trop intelligents ou trop riches, confie le créateur des publicités Bic ou Sharp, avec Éric Cantona en guest-star. Les Français adorent bâcher leur idole, alors il s'en ira. En Espagne ou en Grande-Bretagne, on sait gérer les stars. Ici on sait les gâcher. Et je suis réaliste quand je dis cela. Regardez Richard Gasquet, il a été cramé quand on a dit que c'était le nouveau Borg. Dans les autres pays, ils ne fonctionnent pas comme cela, ils sont davantage supporters que nous. On n'est pas habitué à gérer ce genre de phénomène. Il est trop parfait et, en France, c'est dans nos gènes, on aime les failles. C'est et ce sera une méga-star et on va adorer le critiquer pour une connerie. Comme Éric Cantona qui a quitté la France avec l'étiquette de voyou. En Angleterre, à Manchester United, il est devenu un Dieu… »

Si Mbappé doit quitter Paris, l'étranger sera sa prochaine destination, et il ne partira que pour rejoindre une institution plus prestigieuse encore que le PSG. Le Real Madrid, son club de cœur qu'il avait eu la chance de visiter avec pour guide un certain… Zinedine Zidane, le club dont il tapissait les murs de sa chambre avec notamment des posters de Cristiano Ronaldo, devrait être son prochain point de chute. La Maison Blanche le voulait déjà à l'été 2017 mais, notamment faute de lui garantir un véritable temps de jeu aux côtés de Ronaldo, Benzema et Bale, Mbappé avait préféré le PSG. Le retour de Zidane, en mars 2019, à la tête du club aux treize Ligues des champions rend ce transfert encore plus probable. Reste à savoir à quelle échéance. Dans l'entourage de Kylian Mbappé, on regrettait le timing de sa sortie médiatique annonçant qu'il restait au PSG la saison prochaine, vingt-quatre heures avant l'annonce du come-back de Zizou. On confiait même que « cette nomination changeait quelque peu la donne ». De là à voir Mbappé filer à Madrid dès la saison 2019-2020, cela semble peu probable, mais après... D'autant que le triple champion d'Europe 2016, 2017 et 2018 a de nouveau approché le joueur pour lui faire part de son envie de le recruter, et ce malgré les démentis officiels. Si une proposition de contrat en bonne et due forme ne lui a peut-être pas encore été proposée, des discussions ont bien eu lieu au début du printemps 2019. Et il est indéniable que Kylian n'y est pas insensible.

Un club anglais pourrait aussi le séduire avec la puissance de son championnat à l'international. « Il doit penser international, conseille un spécialiste en communication. Or, aujourd'hui, avec son avocate et son entourage, je pense qu'ils sont encore trop dans une réflexion franco-française. S'il veut devenir la star du foot mondial comme il semble le souhaiter, qui dépasse le cadre de son sport, il va devoir donner une dimension internationale à son développement et s'attacher les services d'un conseiller média d'envergure qui travaillera son image partout sur la planète. Cet aspect lui manque encore. » Conscient de cette lacune et de ses limites dans les langues étrangères, Kylian prend des cours d'anglais pour parfaire sa pratique et surtout être capable de répondre avec aisance à des interviews dans la langue de Shakespeare.

Frank Tapiro pense que Kylian cessera sa carrière de bonne heure, « avant 30 ans ». Amoureux transi du football, aussi bien en tant qu'acteur que comme spectateur, pourquoi Mbappé voudrait-il arrêter si tôt ? Le publicitaire s'en explique : « Parce qu'il est déjà très haut très jeune. Il ne va pas rester longtemps dans le football. Dix ans au sommet c'est long… Il sera aspiré par autre chose, la politique, je pense. Après, je ne sais pas s'il voudra en faire. Ou alors il deviendra président de fédération, il aura un rôle sociétal. Kylian est jeune mais il a déjà une vieille âme, une âme centenaire qui lui confère beaucoup d'expérience et l'empêche de faire des conneries, développe le publicitaire, grand fan de sa communication. Il veut devenir le plus grand joueur de tous les temps. Toute sa communication est fondée là-dessus. Il s'est donné un résultat final et tout est fait pour qu'il y arrive. »

Vers quoi Kylian Mbappé voudra-t-il alors tendre une fois les crampons raccrochés ? Le champ des possibles s'offrira assurément à lui. Dans le magazine officiel du PSG de janvier-février 2019, à l'occasion d'un entretien croisé avec Pedro Miguel Pauleta, ancien attaquant vedette du PSG auteur de cent neuf buts dans la capitale, Kylian s'est confié sur son après-carrière. « Je me dis que, dans une carrière, on apprend, on reçoit et qu'il sera temps un jour de rendre tout cela, peut-être à travers le métier d'entraîneur, confiait-il. J'ai le temps d'y penser. Aujourd'hui, je suis dans une période où je reçois beaucoup de conseils, que ce soit de votre part [il parle à Pauleta] ou d'autres grands joueurs passés au Paris Saint-Germain et que j'ai eu la chance de rencontrer. Ensuite, il viendra un temps où tout ce savoir, toute cette expérience, je pourrai les transmettre à des plus jeunes. C'est le sens du football. » Mbappé junior serait bien placé pour partager un peu de son savoir et de son amour pour le foot. Il aurait de qui tenir, son père Wilfrid, éducateur et entraîneur, a formé des générations de jeunes footballeurs à Bondy, en plus de son fils, avec un succès réel puisque bon nombre sont devenus professionnels. Pas mal pour un club de banlieue parisienne dont l'équipe première n'a jamais tutoyé le monde professionnel. Mais, avec sa notoriété, Kylian pourra-t-il seulement se tourner vers le métier d'entraîneur ? Son ancienne idole Zinedine Zidane y est bien parvenu. Peut-être un exemple à suivre.

En dehors du football, les sollicitations ne manqueront pas non plus. Là aussi, c'est une certitude. Sylvine Thomassin, le maire de Bondy, lui imagine un futur conforme à ce qu'il dégage depuis toujours. « Je ne sais pas ce qu'il fera à 35 ans. Je le vois continuer à faire ce qu'il aime, pense la femme politique. Je n'imagine pas Kylian se donner de contraintes. Aujourd'hui, ce qu'il aime c'est jouer au foot et aussi donner du temps pour les associations. Je le vois continuer à donner du plaisir : à lui-même et également aux autres. Je ne l'imagine pas faire de la politique. »

Frank Tapiro le voit bien défendre une noble cause, et la faire sienne totalement. « Parce que c'est un môme qui fait rêver les mômes. Il possède un impact énorme sur eux, explique-t-il. On dirait Barack Obama. Il a du charisme, une grande simplicité, une force mentale. Il est hors norme comme Tapie ou Sarkozy, malgré tous leurs défauts. Mais

Kylian est dans un autre genre. On voit qu'il est bien avec son personnage. Il ne se force pas à être ce qu'il est. Il a choisi sa vie. Il est prédestiné. »

Quoi qu'il décide de faire, ce qu'il aura accompli à pas même 21 ans restera dans les annales du football. Il n'est pas si fréquent d'assister à l'éclosion d'un tel phénomène.

Remerciements

Merci tout d'abord à Jérôme Cazadieu, directeur de la rédaction de *L'Équipe*, pour m'avoir donné l'opportunité de réaliser cette enquête. Je tenais également à saluer amicalement tous ceux qui, anonymes ou non, m'ont aidé dans cette tâche en fouillant dans leur mémoire, en m'accordant de leur temps et en se montrant toujours disponibles et patients avec moi à chacune de mes relances. Et notamment tous ceux qui ont accepté de braver les interdits pour m'aiguiller et répondre à mes questions afin d'essayer de raconter, du mieux possible et au plus près de la vérité, la construction et les premières années du parcours météorique de Kylian Mbappé.

Crédits photos

Page 1. d.r.

Page 2. Haut: Jean-François Ottonello/Photopqr/Nice Matin. Milieu gauche: Uwe Anspach/EFE/Newscom/MaxPPP. Milieu droite: Uwe Anspach/EPA/MaxPPP. Bas: Guillaume Horcajuelo/EPA/Newscom/MaxPPP.

Page 3. Haut: Sébastien Nogier/EPA/Newscom/MaxPPP. Haut droite: Cyril Dodergny/Photopqr/Nice Matin/MaxPPP. Milieu: Étienne Laurent/EPA/MaxPPP. Bas: Étienne Laurent/EPA/MaxPPP. Bas droite: Jean Nicholas Guillo/Photopqr Le Parisien/MaxPPP.

Page 4. Haut gauche: Frédéric Dugit/Photopqr /Le Parisien/MaxPPP. Haut droite: Christophe Petit Tesson/EPA/Newscom/MaxPPP. Milieu gauche: Frédéric Dugit/Photopqr/Le Parisien/MaxPPP. Milieu droite: Olivier Lejeune/Photopqr/Le Parisien/MaxPPP. Bas: Frédéric Dugit/Photopqr/Le Parisien/MaxPPP.

Page 5. Haut: Kyodo/MaxPPP. Médaillon du haut: Arnaud Journois/Photopqr/Le Parisien/MaxPPP.

Page 6. Haut: EFE/MaxPPP. Bas gauche: EPA/MaxPPP. Bas milieu: Yoan Valat/EFE/Newscom/MaxPPP. Bas droite: d.r.

Page 7. Haut: Guillaume Georges/Photopqr/Le Parisien/MaxPPP. Milieu bas: Christophe Petit Tesson/EPA/Newscom/MaxPPP.

Page 8. Haut droite: Léon Tanguy/MaxPPP. Milieu droite: Guillaume Georges/Photopqr/Le Parisien/MaxPPP. Bas droite: Arnaud Journois/Photopqr/Le Parisien/MaxPPP.

Table

Cet ouvrage a été composé
Par Atlant'Communication au Bernard (Vendée)

Impression réalisée par
CPI France
en avril 2019
pour le compte des Éditions de l'Archipel
département éditorial
de la S.A.S. Écriture-Communication.

Imprimé en France
N° d'impression : 3033957
Dépôt légal : mai 2019